AF750465

LA CONSTRUCTION MARITIME AU CONGO

Hommage au ministre
Martin Parfait Aimé Coussoud-Mavoungou

Collection « Études africaines »
dirigée par Denis Pryen et son équipe

Forte de plus de mille titres publiés à ce jour, la collection « Études africaines » fait peau neuve. Elle présentera toujours les essais généraux qui ont fait son succès, mais se déclinera désormais également par séries thématiques : droit, économie, politique, sociologie, etc.

Dernières parutions

Souleymane DOUMBIA, *Le Sahel, de l'indépendantisme au terrorisme islamiste*, 2023.
Cédric ONDAYE-EBAUH, *Comprendre les enjeux bancaires en Afrique centrale. Prospectives économiques des temps présents*, 2023.
Chrysostome CIJIKA KAYOMBO, *L'éducation des adultes en Afrique*, 2023.
Chrysostome CIJIKA KAYOMBO, *Alphabétisation et développement en Afrique*, 2023.
Patrick MILABYO KYAMUSUGULWA, *Gouvernance locale et reconstruction communautaire. L'est de la R.D. Congo*, 2023.
Ari GOUNONGBÉ, *L'individu collectif, Ubuntu au quotidien et en clinique psychologique*, 2023.
Jérôme OLLANDET, *La France et le Congo-Brazzaville, Histoire d'une marche singulière*, 2023.
Hans Peter HAHN, Alain Joseph SISSAO, Amado KABORÉ et Kathrin KNODEL (dir.), *L'avenir des ONG en Afrique de l'Ouest,* 2023.
Rose Mama DIOUF, *Réseaux sociaux numériques et jeunes. Penser les enjeux éthiques des usages,* 2023.
Moumouni SOUMANO, *Mali. L'intervention internationale à l'épreuve de la crise malienne*, 2023.
David YESAYA, *La réussite sociale du migrant postcolonial en France, Une analyse socio-littéraire dans les romans de Karine Tuil, Faïza Guène, Karim Amellal et El Hadji Diagola*, 2023.
Emmanuel LOCHA MATESO, *Écrire le Congo : De Conrad à Césaire*, 2023.

Sous la direction de
Eric Olivier Sébastien Dibas-Franck

LA CONSTRUCTION MARITIME AU CONGO

Hommage au ministre
Martin Parfait Aimé Coussoud-Mavoungou

Préface de Anatole Collinet Makosso

L'Harmattan

Du même auteur

Le droit maritime dans la zone CEMAC,
L'Harmattan, 2018.

Le Code communautaire CEMAC
de la marine marchande de 2012,
L'Harmattan, 2018.

La convention des Nations Unies pour un contrat
de transport international des marchandises effectué
entièrement ou partiellement par mer,
L'Harmattan, 2013.

Le renouvellement du bail à usage professionnel
des pays de la zone OHADA,
L'Harmattan, 2014.

Destins maudits (roman),
L'Harmattan, 2011.

© L'Harmattan, 2023
5-7, rue de l'Ecole-Polytechnique, 75005 Paris
http://www.editions-harmattan.fr
ISBN : 978-2-14-034329-2
EAN : 9782140343292

PREFACE

L'organisation du colloque international portant sur les quarante ans de la convention des Nations Unies sur le droit de mer et sur les dix ans du code révisé de la marine marchande de la CEMAC par l'Association congolaise du droit maritime (ACODM) a constitué, naturellement, une opportunité de premier ordre pour rendre un hommage mérité à feu **Martin Parfait Aimé COUSSOUD-MAVOUNGOU**. J'en sais gré aux organisateurs d'avoir pensé honorer d'une si belle manière cet acteur national de premier plan sur les questions liées à la mer auxquelles il a consacré toute son expertise tout au long de sa vie.

Depuis le premier code national de la marine marchande en 1963, le Congo s'est érigé en fervent catalyseur de l'évolution dans la gestion des affaires maritimes. Son activisme en la matière a été concrétisé, en 1998 lors de la mutation de la Conférence maritime des Etats de l'Afrique de l'Ouest et du Centre sur les transports maritimes (CEMAOC/TM) en Organisation Maritime de l'Afrique de l'Ouest et du Centre (OMAOC), à l'issue d'une assemblée générale organisée sous les auspices d'un féru d'intégration régionale : le Président congolais **Denis SASSOU NGUESSO**, qui à l'occasion interpellait les élites maritimes africaines à développer "un management stratégique de la mer ".

Entre-temps, la convention de 1982 sur le droit de la mer, à laquelle le pays est partie depuis le 30 janvier 2008, demeure l'instrument juridique de référence en matière maritime et des océans. Elle a permis au Congo de développer une économie qui y tire les meilleurs bénéfices à travers une exploitation de son sous-sol marin au-delà des 1000 mètres de profondeur en même temps qu'il lui est devenu possible d'entrevoir la possibilité d'étendre son plateau continental, donc d'aller chercher à des distances insoupçonnées de ses côtes, les riches substances de ce sous-sol : minerais et hydrocarbures et autres. La convention a bien accompagné le « phénomène d'appropriation de la mer » décrit çà et là, en tout cas pour le Congo.

Quarante ans après, le droit de la mer migre de plus en plus vers les zones au-delà des juridictions nationales. Et c'est là, l'opportunité pour les congolais de se mettre à la page et de toujours anticiper les profits associés.

Dès lors, le code de la marine marchande de la CEMAC se pose pour être le règlement communautaire au service des échanges inter-Etats et inter-opérateurs dans le domaine maritime.

Il s'agit d'un instrument qui fait florès même si les tentatives d'une telle approche sous d'autres cieux ne sont pas toujours couronnées de succès. Il a subi un premier lifting en 2001 et un second en 2012 en se rapprochant le plus possible des dernières conventions internationales adoptées en matière maritime : inclusion de nouvelles dispositions relatives à la sûreté maritime et avancées sur les règles sur le contrat de transport de marchandises par mer, celles sur la convention du travail maritime par exemple.

Dix ans après, il a été ressenti, à juste titre, le besoin que divers usagers de cette réglementation, personnels du secteur public, opérateurs privés, femmes et hommes des corps judiciaires, universitaires, ont exprimé, de faire sa relecture, surtout évaluer comment les objectifs assignés lors de sa révision auraient été atteints. Il fait reconnaître à l'ACODM le mérite d'avoir pu, en tant que société savante du secteur privé, rassembler tous ces acteurs autour d'une œuvre de service public peut-on dire.

Et l'occasion était trop belle pour ne pas rendre hommage à un homme-orchestre qui a été au centre de la formulation des réponses aux préoccupations maritimes de notre pays : feu **Martin Parfait Aimé COUSSOUD-MAVOUNGOU**, ancien ministre des transports maritimes et de la marine marchande, premier secrétaire permanent du comité interministériel de l'action de l'Etat en mer et dans les eaux continentales jusqu'à sa disparition le 14 mars en mars 2022.

Martin Parfait Aimé COUSSOUD-MAVOUNGOU allait fêter ses 63 ans l'année de sa mort.

Que de chemin parcouru par cet administrateur des affaires maritimes ayant fait ses cours de droit à l'Université Marien Ngouabi, puis à l'université Montesquieu de Bordeaux d'où il sort avec une maîtrise en droit des affaires.

Martin Parfait Aimé COUSSOUD-MAVOUNGOU est arrivé dans sa vie professionnelle à un moment où la République commençait à regarder la mer comme une véritable richesse qu'elle avait l'obligation de protéger ; ce qui allait bien sûr dans le sens de l'ambition légitime du jeune administrateur. Petit à petit, il se fait leader dans la construction d'une administration maritime avec un solide socle en termes législatif et technique, y compris pour les mutations à venir.

Plus généralement, il convient de retenir que tous les programmes nationaux et sous-régionaux initiés où développés ces trois dernières décennies portent son sceau.

Homme de convictions y compris politiques, il aura été un des fidèles accompagnateurs de son Excellence Monsieur Denis **SASSOU-N'GUESSO,** Président de la République, Chef de l'Etat dans ses différentes positions au sein du Gouvernement et ailleurs.

Les présents actes constitueront, pour longtemps, une référence et contribueront à la mémoire scientifique de la construction maritime de notre pays.

Anatole Collinet MAKOSSO,
Premier Ministre, Chef du Gouvernement
de la République du Congo,
Président du comité interministériel
de l'action de l'Etat en mer et dans les eaux continentales

I- ETA VIL

Martin Parfait Aimé M OUD-MAVOUNGOU est 12 novembre 1959 à Dolisie le Département du Niari en ublique du CONGO.

Issu d'un couple enseignant de nationalité Congolaise, le Père Monsieur **Jean Pierre COUSSOUD** et la Mère Madame **Angélique Julienne PANDHET** (décédée).

Monsieur **Martin Parfait Aimé COUSSOUD-MAVOUNGOU** est marié et père de neuf enfants.

Adresse : 55, rue Dihessé Diata-Brazzaville : BP909 Pointe-Noire. aimepcous@gmail.com, + 242 06 625 10 18.

II- ETUDES ET DIPLOMES OBTENUS

De 1964 à 1970, il fait ses études primaires à LES SARAS, où il obtient le Certificat d'Etudes Primaires Elémentaires.

Après le C.E.P.E, il entre au Séminaire Catholique Notre Dame de Loango, à quelques kilomètres de Pointe-Noire et en sort en 1973.

De 1973 à 1974, il étudie au collège d'Enseignement Général « Monseigneur Carrie » actuellement « Trois Glorieuses » à Pointe-Noire, et obtient le Brevet d'Etudes Moyennes Générales (BEMG).

De 1974 à 1977, il achève ses études secondaires au Lycée Victor Augagneur et devenu Lycée Karl Mark à Pointe-Noire, où il satisfait au Baccalauréat A3 (lettres) avec mention Assez-Bien.

De 1977 à 1980, il poursuit ses études à l'Université Marien NGOUABI de Brazzaville, notamment à la Faculté de Droit et des Sciences Economiques, où il en sort avec une Licence en Droit Privé.

En 1981, Il est admis à l'Université Montesquieu de Bordeaux I (France), où il obtient une MAITRISE de Droit des Affaires en 1982.

De 1982 à 1983, il étudie au Centre de Droit Maritime et Aérospatial de la Faculté de Droit et des Sciences Politiques à Nantes (France) et obtient le Certificat de Droit Maritime et Aérospatial.

De 1983 à 1985, il est le sixième Congolais qui fait des études à l'Ecole d'Administration des Affaires Maritimes à Bordeaux, obtenant ainsi le Diplôme d'Administrateur des Affaires Maritimes avec la mention « Très Bien ».

A partir de 1987, Son engouement dans le secteur des Affaires Maritimes lui permet de collectionner plusieurs Certificats :

- **En septembre 1987 :** Certificat OMI sur la pollution des navires par les Hydrocarbures (MARPOL 73/78 Accra) ;

- **En juillet 1990 :** Certificat OMI/AGPAOC/PNUD sur la facilitation des formalités du transport maritime- Pointe-Noire (Congo) ;

- **En décembre 1991 :** Certificat OMI/AMTA sur le Congo Handling Equipement-Alexandrie (Egypte) ;

- **En juillet 2000 :** Attestation au cours « Droit des Transports Maritimes Internationaux à l'aube du 21ème siècle » Nantes (France) ;

- **En mars 2001 :** Certificat OMAOC/Union Européenne « Symposium sur le transport en transit en Afrique de l'Ouest et du Centre »- Abidjan (Côte d'Ivoire) ;

- **En décembre 2001 :** Certificat OMI sur la validation et la restitution sur le plan national d'intervention d'urgence-Pointe-Noire (Congo).

III- EXPERIENCE PROFESSIONNELLE

* **1980-1981 :** Stage à la Direction des Services de la Marine Marchande à Pointe-Noire.

* **Novembre 1983 :** Stage au chantier naval du sud-Ouest Bassens en France.

* **Décembre 1983 :** Stage d'Elève Administration des Affaires Maritimes au Port Autonome de Bordeaux en France.

* **Février-Avril 1984 :** Stage d'embarquement au long cours sur le navire BOUAKE de la Société Ivoirienne de Transports Maritimes (SITRAM)-(Côte Occidentale-Afrique Nord continent).

* **Avril 1984 :** Stage d'embarquement à la pêche sur le navire chalutier Saint Jean à Abidjan.

* **Mai 1984 :** Stage d'embarquement au long cours spécialisé sur le navire CAYENNE Affrété par le SITRAM pour l'Asie.

- Suivi des Projets Radiocommunications Maritimes, Météorologie, Maritime, Recherche et Sauvetage Maritimes, Pollution Marine.

- Participation effective à la mise en place du système législatif et réglementaire maritime congolais et sous régional (CEMAC).

- **Juin 1986 :** Séminaire sur le droit de la mer à Brazzaville

- **Février 1988 :** Participation à Kingston (Jamaïque) aux réunions sur les fonds marins (Droit de la Mer).

- **Du 02 au 06 juillet 1990 :** Séminaire FAL-Pointe-Noire.

- **Décembre 1991 :** 7ème Cours International sur le CARGO Handling Equipement à l'Académie Maritime Arabe à Alexandrie (Egypte).

- Participation permanente aux Conférences et 17ème, 18ème, 20ème, 22ème, 26ème, 27ème et 28ème Assemblées Générales de l'Organisation Maritime Internationale à Londres (Angleterre).

  - **Juillet 1993 :** Président du Comité des Experts de l'Afrique de l'Ouest et du Centre en vue de préparer les documents pour la régionalisation de l'Académie Régionale des Sciences et Techniques de la Mer (ARSTM) à Abidjan.

  - **Décembre 1993 :** Expert Maritime auprès de la Banque Mondiale.

- Participation aux négociations avec les sociétés de classification RINA, RINAVE, GL, RUSSE, BUREAU VERITAS.

  - **1998 :** Président du Groupe de travail sur la formation des Inspecteurs du Contrôle des Navires par l'Etat du Port sous l'égide de l'OMI-Accra.

  - **Décembre 1998 :** Président du Comité des Experts en vue de préparer les documents de la 6ème Session Extraordinaire de la CMEAOC-Abidjan.

  - **De 1999 à 2001 :** Président des Experts Africains Membres de l'Organisation Maritime de l'Afrique de l'Ouest et du Centre.

- Participation effective à la mise en place du système législatif et réglementaire en matière fluviale dans la zone CEMAC.

- Participation de la mise en place de l'Association des Armements Africains.

- Participation aux Sessions et Comités Directeurs de l'Union des Conseils des Chargeurs Africains.

- Participation aux Sessions et Comités Directeurs de l'Association de Gestion des Ports de l'Afrique de l'Ouest et du Centre.

- Chef de la Délégation Congolaise aux réunions sur la mise en place de l'Accord instituant un régime uniforme de navigation fluvial et créant la Commission Internationale de l'Aviation Civile internationale de janvier 2010 à septembre 2012.

- **De 2009 à 2013 :** Chef de la Délégation Congolaise à la 26ème, 27ème et 28ème Session de l'Assemblée Générale de l'Organisation Maritime Internationale.

- Chef de la Délégation Congolaise aux Réunions sur l'ASECNA et l'OACI de janvier 2012.

- Spécialiste de très haut niveau des questions maritimes et aériennes.

- **04 mai 2010 :** Membre du Jury de thèse de soutenance « le Mémorandum d'Entente d'Abuja et le Renforcement de la Sécurité des Transports Maritimes en Afrique » pour l'obtention du Diplôme de Docteur en Droit Maritime à la Faculté de Droit et des Sciences Politiques de l'Université de Nantes (France) par Monsieur **Christian Amour ZINSOU**

- **20 janvier 2012 :** Membre du Jury de thèse de soutenance pour l'obtention du Diplôme de Docteur en Droit Aérien à l'Université Alix-Marseille (France) par Monsieur **Boris MAKAYA-BATCHI**.

IV- FONCTIONS ASSUMEES

* **De Novembre 1985 à Novembre 1987 :** Chargé de l'Administration des Gens de Mer à la Direction des Services de la Marine Marchande.

* **De Novembre 1987 à Septembre 1991 :** Directeur de l'Administration Générale et des Gens de Mer à la Direction Générale de la Marine Marchande.

*** De Septembre 1991 au 15 octobre 1997 :** Directeur de la Navigation et de la Sécurité Maritime à la Direction Générale de la Marine Marchande.

*** Du 04 décembre 1992 au 16 février 1994 :** Directeur Général par intérim de la Marine Marchande.

*** De Novembre 1997 au 30 juillet 1999 :** Chargé de Mission aux Affaires Maritimes près le Ministre des Transports, de l'Aviation Civile, chargé de la Marine Marchande.

*** Janvier 1999 :** Chef de projet de création du Conseil Congolais des Chargeurs près le Ministre des Transports, de l'Aviation Civile, chargé de la Marine Marchande.

*** Du 30 juillet 1999 au 17 août 2002 :** Conseiller aux Transports Maritimes et Fluviaux du Ministre des Transports, de l'Aviation Civile chargé de la Marine Marchande.

*** De 2000 à 2002 :** Administrateur du Port Autonome de Pointe-Noire, du Conseil Congolais des Chargeurs, du Centre des Services Pétroliers (INTELS CONGO).

*** De 2000 à 2002 :** Administrateur Suppléant à la Société Congolaise de Manutention de Bois, de la Société Congolais des Transports Maritimes (SOCOTRAM).

*** 07 Janvier 2005 au 30 Décembre 2007 :** Ministre des Petites et Moyennes Entreprises, chargé de l'Artisanat.

*** 30 décembre 2007 au 15 septembre 2009 :** Ministre des Transports Maritimes et de la Marine Marchande.

*** 31 octobre 2008 au 10 août 2015 :** Président du Mémorandum d'Entente sur le Contrôle des Navires par l'Etat du Port dans la région de l'Afrique de l'Ouest et du Centre (Mou d'Abuja).

***15 septembre 2009 au 10 août 2015 :** Ministre Délégué auprès du Ministre d'Etat, Ministre des Transports, de l'Aviation Civile, chargé de la Marine Marchande.

*** 13 novembre 2009 au 10 août 2015 :** Président en Exercice du 8ème Conseil d'Administration de l'Académie Régionale des Sciences et Techniques de la Mer d'Abidjan.

Président d'Honneur de l'Association Congolaise du Droit Maritime.

*** 10 Août 2015 au 30 avril 2016 :** Ministre à la Présidence de la République chargé des Zones Economiques Spéciales.

*** 30 avril 2016 au 22 Août 2017 :** Ministre des Affaires Foncières et du Domaine Public.

*** 22 Août 2017 au 15 mai 2021 :** Ministre de la Recherche Scientifique et de l'Innovation Technologique.

*** Depuis le 24 Août 2021 :** Ministre-Secrétaire Permanent du Comité Interministériel de l'Action de l'Etat de Mer et dans les Eaux Continentales.

GRADE

- Administrateur en Chef de 1ère Classe des Affaires Maritimes (Capitaine de Vaisseau de Réserve) de la Marine Nationale Française depuis 1996.

- Administrateur Hors classe des Services Administratifs et Financiers.

V- DISTINCTIONS HONORIFIQUES

- Chevalier dans l'Ordre du Mérite Congolais : (Décret n°93-241 du 25 juin 1993).

- Officier dans l'Ordre du Mérite Congolais : (Décret n°96-869 du 15 décembre 1996).

- Détenteur de la Médaille d'Or de la Chambre d'Artisanat et des Métiers de la Seine-Saint Denis (France).

- Détenteur de la Reconnaissance Artisanale de l'Assemblée Permanente des Chambre d'Artisanat et des Métiers de France.

- Détenteur de l'AWARDS de l'Organisation Maritime de l'Afrique de l'Ouest et du Centre (OMAOC) en juillet 2008 à Dakar (Sénégal) pour l'œuvre accomplie dans le développement du secteur maritime de la sous-région.

- Détenteur de l'AWARDS de l'Union des Conseils des Chargeurs Africains (UCCA) en décembre 2008 à Kinshasa (République Démocratique du Congo) pour l'œuvre accomplie dans le développement du secteur maritime de la sous-région.

- Officier dans l'Ordre du Mérite Maritime Français (Décret du 04 septembre 2009 du Premier Ministre).

- Ambassadeur de la Paix Universelle depuis 2008.

- Distingué par l'Organisation Maritime Internationale pour la Journée Mondiale de la Mer, événement parallèle, en octobre 2014 à Tanger (Maroc).

- Facilitateur pour la publication de la Revue Africaine des Affaires Maritimes des Transports.

- Elevé, à titre exceptionnel, dans l'Ordre du Mérite Congolais, à la dignité de Grand Officier : (Décret n°2016-383 du 31 décembre 2016).

- Officier dans l'Ordre du Mérite Ivoirien (03 août 2017).

- Commandeur dans l'Ordre du Mérite Maritime Français (Décret du 28 juillet 2017 du Premier Ministre).

VI- PUBLICATIONS

* **Juin 1994 :** Pour un système concerté des navires en UDEAC Pointe-Noire (DIGEMAR).

*** Juillet 1994 :** Contribution pour une relance et revalorisation de la pêche maritime industrielle au Congo - Pointe-Noire (DIGEMAR).

*** Septembre 2002 :** Anatomie d'une hérésie en mer (Journal les Echos).

*** Septembre 2002 :** Contribution à la connaissance de l'exploitation des droits de trafic maritimes (Journal Les Echos).

*** Août 2002 :** Le Congo adhère aux Conventions Maritimes (Courrier des Transports).

Le Congo et le Code ISPS (La Nouvelle République).

*** Décembre 2004 :** Le Contrôle des Navires par l'Etat du Port : Expérience et Contribution Congolaises (Revue Congolaise des Transports et des Affaires Maritimes n°01/2003).

- Facilitation de la Revue Africaine des Affaires Maritimes des Transports.
- **Novembre 2017** : Pour une Marine Marchande au service du développement publié aux Editions l'HARMATTAN ;
- **Octobre 2021** : Le Congo et l'Agence Internationale de l'Energie Atomique publié aux Editions l'HARMATTAN

VII- FONCTIONS POLITIQUES ET D'ACTIONS SOCIALES

*** 1993 – 1997 :** Suppléant du Député de la 2ème Circonscription Electorale de Mvouti (Département du Kouilou) de l'UPADS.

*** 1999 :** Retour comme Membre du Parti Congolais du Travail.

*** 2002 – 2007 :** Suppléant du Député de la 2ème Circonscription Electorale de Mvouti (Département du Kouilou) du PCT.

*** 18 août 2002 au 07 janvier 2005 :** Siège comme Député à l'Assemblée Nationale et Membre de la Commission Affaires Juridiques et Administratives (CAJA).

* **2007 – 2012 :** Député de la 2ème Circonscription de Mvouti (Département du Kouilou) du PCT.

* **2006 – 2011 :** Membre du Bureau Politique, du Comité Central du Parti Congolais du Travail issu du 5ème Congrès Extraordinaire.

* **2011 – 2019 :** Membre du Bureau Politique, du Comité Central du Parti Congolais du Travail issu du 6ème Congrès Extraordinaire.

* **2012 – 2017** : Réélu Député de la 2ème Circonscription de Mvouti (Département du Kouilou).

* **Depuis 2008 :** Encadreur-Commissaire Politique du Rassemblement de la Majorité Présidentielle (RMP) dans le Département du Kouilou.

* **Depuis 2008 jusqu'à 2015 :** Directeur de Campagne de la Majorité Présidentielle pour les Elections Locales.

* **2015 :** Délégué du Gouvernement pour la mise en place du Bureau Conseil Municipal de Dolisie (Département du Niari).

* **2002 :** Membre de la Direction de Campagne pour l'Election du Candidat **Denis SASSOU-NGUESSO** à la Présidence de la République.

* **2015 :** Directeur de Campagne pour le Changement de la Constitution du 20 janvier 2002 pour le Département du Kouilou.

* **2009 et 2016 :** Directeur de Campagne pour l'Election du Candidat **Denis SASSOU-NGUESSO** à la Présidence de la République pour le Département du Kouilou.

* Président d'Associations à caractère humanitaire.

* Président d'Honneur de la Fondation **Julienne Angélique PANDHET COUSSOUD.**

* **Depuis 2007**, Membre du Conseil Départemental du PCT-Kouilou et du District de Mvouti ;

* **Depuis le 15 juillet 2017**, réélu Député de la 2e Circonscription de Mvouti Département du Kouilou) pour un mandat de 5ans.

* **2017** Délégué du Gouvernement pour la mise en place du Bureau du Conseil Municipal de Mossendjo (Département du Niari) ;

- **Depuis 2019** : Membre du Bureau Politique du Comité Central du Parti Congolais du Travail issu du 5 ème Congrès Ordinaire ;

- **Mars 2021 :** Directeur Local de Campagne de Mvouti pour l'élection du candidat **Denis SASSOU-N'GUESSO** à la Présidence de la République ;

- Président d'Honneur de l'Association des Anciens de la Marine Marchande (2A2M) ;

- Président d'Honneur de l'Association Congolaise de Droit Maritime (ACODM) ;

- Président d'Honneur du Groupe Traditionnel KOTUKA TU MOKA ;

- Président d'Honneur de la Société savante d'Herpétologie du Congo (SOHECO).

Vendredi 29 juillet 2022 – 08 h 45 – 20 h 00

Salle de conférences du Conseil Congolais des Chargeurs

COLLOQUE organisé par l'Association Congolaise du Droit Maritime en hommage à feu le Secrétaire permanent du Comité interministériel de l'action de l'Etat en mer et dans les eaux continentales, Ancien Ministre des transports maritimes et de la marine marchande, Ancien Président d'honneur de l'Association congolaise du droit maritime

Thèmes :

DIX ANS DU CODE DE LA MARINE MARCHANDE DE LA CEMAC REVISE LE 22 JUILLET 2012

QUARANTE ANS DE LA CONVENTION DES NATIONS UNIES SUR LE DROIT DE LA MER

MATINEE

08 heures 45 : Accueil des participants

Modératrice : Madame Gladys KISSIORO

09 heures : Cérémonie d'ouverture :

- Mot de bienvenue du Président de l'Association Congolaise du Droit maritime, Monsieur Eric DIBAS-FRANCK

- Mot de circonstance du Professeur Philippe DELEBECQUE, Président de l'Association Française du Droit Maritime, Président de la Chambre Arbitrale Maritime de Paris

- Mot de circonstance de Maître Gaston NGAMKAN, Avocat au barreau de Douala - Cameroun, Président de l'Association Camerounaise du Droit Maritime

- Discours d'ouverture de Monsieur Alexandre Honoré PAKA, Préfet du Département de Pointe-Noire

09 heures 30 : Présentation d'un documentaire de 15 minutes sur l'œuvre du Ministre COUSSOUD-MAVOUNGOU

09 heures 45 : Présentation de l'ouvrage du Ministre COUSSOUD-MAVOUNGOU, Pour une marine marchande au service du développement, Discours, éditions L'Harmattan-Congo, 2017

par Monsieur Eric DIBAS-FRANCK, Président de l'ACODM - Assistant à la faculté de Droit de l'Université Marien NGOUABI

10 heures 00 : Discussion

10 heures 45 : DIX ANS DU CODE DE LA MARINE MARCHANDE REVISE LE 22 JUILLET 2012

Modérateur : Monsieur Miguel BIMBOU, Assistant à l'Université Marien NGOUABI

- Le point de vue d'un magistrat (15 minutes) par Monsieur Edmond Anicet SAMBA, Magistrat, Conseiller à la Cour d'appel de Pointe-Noire

- Le point de vue d'un avocat (15 minutes) par Maîtres Claude COELHO et Roland BEMBELLY, Avocats à la Cour

11 heures 45 : Discussion

Modérateur : Monsieur Jean-Claude BOUKONO, Directeur de cabinet du Secrétaire Permanent du Comité Interministériel de l'Action de l'Etat en Mer et dans les Eaux Continentales

12 heures 30 : Les conditions d'accès et d'exercice des professions auxiliaires des transports maritimes (15 minutes) par Monsieur Franck KINANGA, Directeur juridique du groupe Bolloré

12 heures 45 : La dématérialisation des actes administratifs de la marine marchande (15 minutes) par Monsieur Lié-Rupert GOUARI, Conseiller à l'organisation, planification et contrôle des projets du Directeur Général du Guichet unique des opérations transfrontalières

13 heures : Discussion

13 heures 30 à 14 heures 15 : Pause

APRES-MIDI

14 heures 15 : Le régime juridique des prestataires des services des gens de mer (15 minutes) par Monsieur Richard MOULET, Cabinet Seatter Pearce et Maître Jean PETRO, Avocat ancien bâtonnier national

14 heures 30 : Discussion

15 heures 00 : La sécurité et la sûreté maritimes à l'épreuve du Code de la marine marchande de la CEMAC (15 minutes) par le Contre-amiral René NGANONGO, Chef d'Etat-Major de la marine nationale

15 heures 15 : Discussion

15 heures 45 : Les arcanes du recours de l'assureur contre l'auteur du dommage en transport maritime (15 minutes) par Maître Gaston NGAMKAN, Président de l'Association camerounaise du Droit maritime, Avocat au barreau de Douala

16 heures : Discussion

16 heures 45 : QUARANTE ANS DE LA CONVENTION DES NATIONS UNIES SUR LE DROIT DE LA MER

Modérateur : Monsieur le Professeur Godefroy MOYEN, Doyen honoraire de la Faculté de Droit de l'Université Marien NGOUABI

- Présentation générale de la Convention (15 minutes) par Jean-Félix MOUTHOUD-TCHIKAYA, Juriste maritime, Ancien Directeur général de la marine marchande

- Enjeux et perspectives (15 minutes) par le Capitaine de Vaisseau (ER) Roger Charles DUSSAUD, Ancien Directeur général de la Marine Marchande

17 heures 30 : Les frontières maritimes : état des lieux et enjeux pour le Congo (15 minutes) par Monsieur Jacques ESSISSONGO, Préfet Directeur Général de l'Administration du Territoire au Ministère de l'Administration du Territoire, Secrétaire Permanent de la Commission Nationale Interministérielle des Frontières et le Capitaine de Vaisseau NAHOUTOUMA SAMBA Wilfrid Brice, membre de la Sous-commission frontière maritime, Conseiller aux opérations maritimes du Directeur Général du Port Autonome de Pointe-Noire

18 heures 15 : Discussion

18 heures 45 : Présentation du concept de l'action de l'Etat en mer et dans les eaux continentales (15 minutes) par Monsieur Jean-Claude BOUKONO, Directeur de cabinet du Secrétaire permanent de l'AEMEC.

19 heures : Discussion

19 heures 30 :

- Synthèse des travaux :
  Synthèse 1 : Monsieur Miguel BIMBOU
  Synthèse 2 : Professeur Godefroy MOYEN

- Clôture du colloque

SOMMAIRE

LES RIVES DE LA VIE DU MINISTRE MARTIN PARFAIT AIME COUSSOUD-MAVOUNGOU

par Eric DIBAS-FRANCK
Président de l'association congolaise du droit maritime

Le Congo, notre cher et beau pays, comme toutes les Nations du monde, a connu et connaît encore hélas, la pandémie à coronavirus dite Covid-19.

A cause de cela, ceux qui croient au ciel et ceux qui n'y croient pas, beaucoup avaient annoncé la fin des temps, et d'autres celui de l'enlèvement.

Grâce à Dieu mais aussi grâce à la justesse des mesures prises par le Gouvernement de la République, sous votre très Haute autorité, les mesures prises pour éradiquer cette pandémie ont permis aux Congolaises et aux Congolais dans leur très large majorité mais également à tous ceux qui ont fait le choix d'avoir le Congo comme terre d'accueil d'être épargnés par les conséquences irrémédiables de cette pandémie du siècle. Pourtant, il faut rappeler que certains n'y ont pas échappé, au nombre desquels des hautes personnalités dont la République reconnaissante a rendu des hommages solennels, il y a quelques temps.

On avait cru un moment que notre pays serait épargné par des deuils. On avait cru que lorsqu'on avait été épargné par la Covid-19, une autre maladie ne pouvait pas nous emporter…Peine perdue.

Mesdames, Messieurs,

La vie n'est qu'un voyage, un pèlerinage et même un carrefour. La vie est un moment de rencontres, d'opportunités. Elle reste un mystère.

La mort également est un mystère. La mort est le chemin que nous emprunterons tous. Et ça c'est une vérité de Lapalisse. Le destin nous rassemble ce jour, dans ce lieu plein de symboles et d'enseignements est pour célébrer la vie mais surtout l'espérance. Un auteur affirme que « les seuls instants où l'égalité entre les uns et les autres s'impose, sont ceux de la naissance et de la mort ».

A la vérité, toutes les morts dans la société ne provoquent pas le même écho. En effet, le chagrin suscité par la disparition de la plupart d'entre nous se limite au cercle de notre famille, de nos proches, de quelques relations. Certaines disparitions sont en revanche, par leurs effets, semblables à la chute des géants quand la foudre frappe le sommet de la forêt, quand un baobab tombe au sommet de la forêt. Saisis d'effroi, de peur, de manque de repère, la nature, les oiseaux, toute la faune font soudain silence et le sang des hommes et de femmes se glace. Tel a été l'effet produit par l'annonce du décès du Ministre Martin Parfait Aimé Coussoud-Mavoungou, le 14 mars dernier, alors que les plus Hautes autorités de l'Etat commémoraient à Oyo dans le département de la Cuvette, le souvenir d'une très grande Dame, elle aussi décédée, il y a déjà quelques années et dont le souvenir et le chagrin suscités demeurent intacts, j'ai cité Madame Edith Lucie Bongo Ondimba. Il a suffi du temps d'un éclair pour que, par le biais des textos, whatsapp, facebook, bref des réseaux sociaux, des appels téléphoniques avec une rapidité déconcertante, la sombre nouvelle venue de l'hôpital Cochin à Paris où il avait été admis il y a seulement moins d'une dizaine de jours.

Difficile de croire, impossible de l'imaginer surtout pour ceux qui avaient eu l'opportunité de le voir lorsqu'il quittait Brazzaville... La veille de son décès, une rumeur forte avait déjà circulée.

Pour ceux des membres de la famille qui étaient à Paris, chacun de rejoindre dans l'urgence cet hôpital parisien pour enlever le doute de leur tête ou se convaincre de cette mauvaise nouvelle, faire le Saint-Thomas et déjà dire Merci chacun à sa façon à un homme qui aura marqué tant de vies.

Et voici qu'à Oyo, à Brazzaville, à Pointe-Noire, à Dolisie, à Les Saras, à Bilala, à Mvouti, j'allais dire sur l'ensemble du territoire national, au Cabinda où réside encore une partie de la famille, en Afrique et en Europe, la nouvelle court de venelle en venele, de parcelle en parcelle, de case en case. L'information circule avec beaucoup d'ampleur qu'il s'agit d'un Ministre mais aussi d'un expert maritime de renommée internationale. Il s'agit aussi d'un homme marié, père de neufs enfants. L'aîné d'une grande famille dont on pense, hélas penser qu'un mauvais sort s'acharne depuis trois mois.

Sa famille est ici rassemblée pour la circonstance.

Mesdames, Messieurs,

Convaincus désormais de la très mauvaise nouvelle, on peut dire comme les maritimistes, avec regret et une émotion certaine que le navire Coussoud-Mavoungou battant pavillon Congolais qui avait été envoyé en carénage et dont on attendait des sociétés de classification qu'elles la contrôle et certifient qu'il est à nouveau apte à prendre la mer a, à cause des dangers auxquels un bâtiment est régulièrement exposé en mer aura connu, tour à tour, des avaries communes, des avaries particulières avant de disparaître dans la Méditerranée. Toutes les dispositions prises pour sauver notre navire, son équipage et sa cargaison n'auront pas produits les effets escomptés.

Le de cujus est né le 12 novembre 1959 à l'hôpital de Dolisie, la capitale de l'or vert. Nous sommes entre la proclamation de la République et l'indépendance de notre pays. Dolisie où son père Jean-Pierre Coussoud avait été affecté en octobre 1958 en qualité de directeur de l'école Saint-Joseph aujourd'hui Charles Kibangou après avoir été enseignant à Divénié.

Pour la petite histoire, à la naissance de son père, la famille avait envisagé un temps de donner à son père le nom de Mboumba. Nous sommes au mitan de la nuit coloniale. Pour l'administration en place, ce nouveau-né passe inaperçu. La vie d'un indigène ne la préoccupe pas outre-mesure. Un de plus, un de moins, qu'importe ! La terre continuera de tourner, le soleil de se lever, les saisons sèches et les saisons de pluies de se succéder en alternance, l'empire français à d'autres chats à fouetter. Lorsque son père se présente plus tard devant l'officier d'Etat-civil et qu'on lui pose la question de savoir comment s'appellera son fils, lui qui s'appelle Mavoungou Vincent déclarera que son fils s'appellera Coussoud qui veut dire en langue perroquet et ce, grâce aux aptitudes de son fils mais aussi parce que ce fils parlait déjà beaucoup.

Monsieur Jean-Pierre Coussoud convole en justes noces en 1958 avec Angélique Julienne Pandhet qui donnera naissance un an plus tard à Martin Parfait Aimé Coussoud-Mavoungou. Sa maman également enseignante décédée, le 24 mars 2002, donc il y a exactement vingt ans et que le Ministre Coussoud-Mavoungou avait prévu rendre un hommage mérité en cette période de célébration de la femme. Cette maman dont la photo occupait une place remarquable dans le bureau de son fils. Elle était son repère. Il y puisait son inspiration et la force nécessaires pour surmonter les difficultés circonstancielles de la vie.

Lorsque Monsieur Jean-Pierre Coussoud, catholique pratiquant fait procéder à l'enregistrement de son fils à l'Etat-civil, il adjoint à son nom celui de Mavoungou qui est le nom de son père. Il décide d'appeler son fils Martin car il est né le 12 mars, le jour de la Saint-Martin de Pape. Parfait est le prénom qu'un ami très proche lui avait vivement conseillé de donner à son fils s'il devait en avoir un. De retour à domicile et rendant compte de sa journée à son épouse, cette dernière fit remarquer qu'il avait omis de la consulter. Elle lui demandait de réparer cet impair en donnant à leur premier fils le prénom d'Aimé.

A l'âge de cinq ans, bénéficiant du fait que son père était désormais directeur à l'école de Les Saras et tenant compte aussi du fait que le jeune Coussoud-Mavoungou faisait preuve d'un gamin très éveillé, il est inscrit à l'école primaire, le mercredi 3 octobre 1963. Il obtient en 1970 le Certificat d'études primaires et élémentaires (CEPE). Il quitte donc le Mayombe par le train A 2 pour rejoindre Pointe-Noire. Brillant élève, il intègre la même année le séminaire catholique Notre-Dame de Loango. Il y est d'ailleurs fortement encouragé par son père lui-même ancien des séminaires de Mayoumba au Gabon et de Mbamou au Congo.

Martin Parfait Aimé Coussoud-Mavoungou va bouleverser les prévisions. Son intelligence surprend, fascine tant ses condisciples que ses enseignants. Tout est mis en œuvre pour récompenser ses succès scolaires. En tout cas, au séminaire qu'il ne fréquente que trois, il se fait remarquer par sa mémoire prodigieuse, sa volonté tenace, son sens de l'organisation, son esprit de décision; c'est un boute-en-train qui exerce un ascendant sur tous ses condisciples. Il s'avère un excellent conciliateur. Il forge son devenir, apprend à lire dans le texte Lucrèce, Saint-Augustin et à déclamer les vers d'Horace.

Cela n'empêche qu'il soit un collégien qui déborde d'énergie, espiègle, malicieux à ses heures. Il manifeste un besoin constant de dépense intellectuelle et physique. Il lui arrive d'exprimer sa volonté de pratiquer autrement sa spiritualité. On comprend donc aisément pourquoi le jeune Coussoud-Mavoungou délaisse petit à petit les enseignements téléologiques au profit des choses du monde, d'autres choses de la vie qui conduisent le père Du Bourg, un prêtre spiritain qui était un simple ascète, profondément pieux et qui prônait le détachement, la tempérance c'est à dire une exigence de la prudence et de la dignité, une modération dans toute chose à souhaiter le voir poursuivre sa scolarité en dehors du séminaire.

En 1973, il va poursuivre sa scolarité en troisième au collège Monseigneur Carie, aujourd'hui Trois Glorieuses à Pointe-Noire. Il obtient comme d'habitude avec brio le brevet d'études de moyennes générales (BEMG) en 1974.

A partir de ce moment-là, d'autres centres d'intérêts vont naître en lui ; un autre regard sur le monde. Car pour tous ceux qui ont l'avantage d'avoir connu la vie du château, ce n'est pas la même chose. Comme bon nombre de ses camarades, il profite de ses week-ends pour aller à la plage mondaine et quelques fois à la Côte sauvage où la légende disait qu'à certaines heures Moe Tchikambissi pouvait apparaître. Toute proportion gardée, il devient comme Petit Piment dans le livre éponyme. Il découvre les lumières de Pointe-

Noire. C'est à ces occasions qu'a, probablement, commencé à germer en lui l'amour et la passion de la mer, nonobstant ses dangers.

De 1974 à 1977, il est élève au lycée Victor Augagneur. C'est toujours le même jeune que ses amis retrouvent. Un travailleur acharné dont personne ne peut remettre en doute le sérieux et les prouesses. C'est donc naturellement qu'il obtient son baccalauréat série A 3, littérature et philosophie avec mention dans cet établissement mythique et dont les témoignent abondent depuis la tragique nouvelle.

Lorsque Martin parfait Aimé Coussoud Mavoungou est inscrit, il y a de cela quarante-cinq ans à l'Université Marien Ngouabi, c'est à la faculté de droit et des sciences économiques qu'il fait son initiation au droit d'abord en tronc commun à l'amphi 600 de cette université où il se rend en compagnie de ses amis à pied, ce qui marque sa détermination. Il part du célèbre campus Impérial au centre-ville jusqu'à cet amphi proche du stade de la Révolution de l'époque, ensuite à Bayardelle où il satisfait à la licence en droit privé, en 1980.

L'Etat congolais par le biais de la direction de l'orientation et des bourses l'envoie à Pointe-Noire où il apprend à se familiariser avec le monde professionnel avant d'avoir l'opportunité de se rendre en Europe, en France précisément à Bordeaux où il est admis à l'université de Montesquieu 1. Il obtient la maîtrise en droit des affaires en 1982.

Dès cet instant, il est convaincu de ce qu'il veut faire. Sa vocation est nette et affirmée. Cependant, à cause d'un dysfonctionnement administratif, il ne lui est pas possible d'intégrer la même année la prestigieuse école des administrateurs des affaires maritimes qui offre chaque année une place aux meilleurs candidats congolais. Ce temps-mort mis à profit, il séjourne pendant une scolarité à Nantes, au centre de droit maritime et aérospatial de la Faculté de droit et de sciences politiques de cette ville. Il en sort avec le certificat de droit maritime et aérospatial, en 1983.

Fort de cet acquis et déterminé, il repart à Bordeaux. Il intègre alors l'école des administrateurs des affaires maritimes. Il obtient, après deux années de dur labeur c'est à dire de 1983 à 1985, le diplôme de l'école avec la mention Très Bien. Il en devient le 6ème congolais, le cinquième étant son aîné Louis-Marie Nombo-Mavoungou décédé en 2017, cet ancien Ministre des transports et de la marine marchande pour lequel il avait entrepris, avec un érudit du secteur maritime congolais la rédaction d'un ouvrage dont il espérait publier en ce mois de mars les contributions remarquables dans le secteur maritime.

Ayant un sens du devoir et en reconnaissance de la bourse à lui octroyée par son pays, Martin Parfait Aimé Coussoud-Mavoungou ne s'attarde pas en France. Il regagne le pays et son administration d'origine, la direction générale de la marine marchande. Il gravit les échelons. Ainsi, de novembre 1985 à novembre 1987, il est chargé de l'administration des gens de mer, ensuite de novembre 1987 à septembre 1991, il est directeur de l'administration générale et des gens de mer, après de septembre 1991 au 15 octobre 1997, il est directeur de la navigation et de la sécurité maritime, enfin cumulativement avec sa fonction précédente il finit par en devenir son directeur général.

Pendant l'exercice de son activité à Pointe-Noire, le Ministre Coussoud-Mavoungou est à un carrefour de rencontres. Les cheminots, les portuaires et les administratifs de la ville se côtoient, se rencontrent parfois. C'est semble-t-il dès ce moment-là qu'il retient l'attention de Monsieur Isidore Mvouba, cadre du chemin de fer.

Avant la fin de l'année 1997, il est appelé à Brazzaville pour servir au cabinet du Ministre des transports, de l'aviation civile et de la marine marchande en qualité de chargé de mission aux affaires maritimes.

Sa vie tout court, sa vie professionnelle connaît un tournant majeur. C'est le début d'une nouvelle, longue et fructueuse carrière politique et administrative qui s'achèvera qu'avec le dernier souffle de l'enfant du Congo, de l'enfant du Mayombe dont il en était fier.

Martin Parfait Aimé Coussoud-Mavoungou a marqué de sa présence, a imprimé de sa personnalité la vie politique et professionnelle congolaise sur divers terrains.

En 1993 dans la perspective des élections législatives anticipées, c'est lui qui est retenu comme suppléant du député sortant de la première circonscription de Mvouti 2 en remplacement de son père qui était suppléant. Il le restera jusqu'en 2007 et aura eu déjà l'opportunité de siéger au parlement, le député titulaire étant de 2002 à 2005 membre du gouvernement. A partir de 2007 jusqu'à sa mort il était député de cette circonscription. Pour le parti congolais du travail qu'il intègre peu avant l'an 2000 et dont il en devient membre du bureau politique, à la suite du cinquième congrès extraordinaire du parti, tenu en 2006, il demeurera une des figures tutélaires du Kouilou. Il aura une part très active dans les principales batailles et préoccupations dans ce département.

Le travail de technicien dont fait montre Martin Parfait Aimé Coussoud-Mavoungou au sein du Ministère des transports va conduire le Ministre Isidore Mvouba qui en était devenu le titulaire du poste ministériel à partir de janvier 1999, de le nommer, après près de neuf mois d'observation. De chargé de mission, il occupe désormais le poste stratégique de conseiller aux transports maritimes et fluviaux. Disons sans détour, son conseiller porte-char. Un conseiller disponible, exemplaire, fidèle et aux ordres…

Du 07 janvier 2005 au 15 mai 2021, le Ministre Coussoud-Mavoungou a eu une charge gouvernementale importante.

C'est en qualité de Ministre des petites et moyennes entreprises chargé de l'artisanat qu'il fait son entrée au gouvernement. A ce département, il y donne une réelle impulsion, notamment dans l'initiation de la loi relative aux métiers de l'artisanat tout comme il contribue fortement à toutes les initiatives tendant à raccourcir le temps de création d'une entreprise, ce qui, à n'en point douter, à une incidence sur l'amélioration du climat des affaires dans notre pays.

Mais, c'est sans conteste en qualité de Ministre des transports maritimes et de la marine marchande du 30 décembre 2007 au 15 septembre 2009, puis de Ministre délégué chargé de la marine marchande du 15 septembre 2009 au 10 août 2015 qu'il aura le plus marqué sa vie gouvernementale, car disait-il que « la mer est un des combats majeurs de sa vie ». Il fait un point d'honneur au retard accumulé par notre pays dans la ratification des conventions maritimes internationales les plus importantes et dans leur mise en œuvre.

Il fait de la révision du Code de la marine marchande de la CEMAC une de ses principales batailles qu'il réussit à remporter. Ledit instrument est d'ailleurs révisé, à Brazzaville, le 22 juillet 2012. A l'occasion de la célébration des dix ans du code révisé cette année, il entendait y apportait sa contribution.

Le 14 janvier 2014, l'Union Africaine a adopté la stratégie africaine intégrée pour les mers et les océans d'ici à l'horizon 2050 dite stratégie AIM 2050, sous l'impulsion du Président de la République, Denis Sassou-Nguesso. Cette stratégie est une vision africaine intégrant tous les domaines de la vie maritime en vue du bien-être social de la population africaine. Elle vise à développer une économie bleue. A cette occasion, c'est le Ministre Coussoud-Mavoungou qui était aux côtés du Président de la République.

Rappelant que le Congo dispose de 170 kilomètres de côtes maritimes et que le développement durable est conditionné par la formation, il a eu, en 1989, une contribution déterminante dans la signature de l'accord de coopération entre les Universités de Nantes et Marien Ngouabi. Il en était le parrain. Ce qui a fortement contribué à l'instauration d'un enseignement de droit maritime à la Faculté de droit de cette université en attendant de l'exporter à d'autres établissements d'enseignements supérieurs.

Il avait un regret celui de constater que le Congo ait longtemps tourné le dos à la mer. Il avait aussi depuis le 29 janvier 1998 un soulagement dès lors que le Président de la République avait développé, à l'occasion d'une conférence maritime majeure dans notre pays et à Brazzaville, « le management stratégique de la mer ». Une volonté réelle de s'approprier la mer.

Du 10 août 2015 au 30 avril 2016, il est Ministre à la Présidence chargé des zones économiques spéciales. C'est un département embryonnaire pour lequel il faut poursuivre les efforts de mise en place des outils nécessaires avant la concrétisation de ces zones. Il s'y emploie sans relâche, avec enthousiasme et beaucoup de panache. Il est conscient que la relation ville-port est un maillon important de ce dispositif nouveau. Mais, on lui confiera très vite un autre département ministériel à gérer et animer, celui des affaires foncières et du domaine public. Il en sera le titulaire du 3 avril 2016 au 22 août 2017.

La question foncière étant une question de grande importance et de constante actualité, il s'emploiera à imposer l'autorité de l'Etat notamment en ce qui concerne la protection et la préservation du domaine public maritime. C'était un pédagogue qui a permis aux congolais d'avoir du respect pour ce que l'on appelle dans l'environnement maritime et portuaire les cent pas du roi. Après une mission somme toute accomplie, le Président de la République lui renouvellera sa confiance en le nommant, le 22 août 2017 Ministre de la recherche scientifique et de l'innovation technologique et ce, jusqu'au 15 mai 2021, date à laquelle il quitte le gouvernement après plus de seize ans de bons et loyaux services.

Je dois affirmer, que dans ce département transversal, Coussoud-Mavoungou était sur tous les fronts. La recherche scientifique maritime, les questions hydrographiques, celles relatives à l'énergie atomique tout comme l'innovation technologique l'ont conduites à mener des expériences novatrices au bénéfice de notre pays.

Alors qu'il pensait enfin se tourner vers d'autres horizons, il est nommé le 24 août 2021 secrétaire permanent de l'action de l'Etat en mer et dans les eaux continentales, structure nouvellement créée et qui doit répondre aux défis du moment, à savoir la sécurité et la sûreté maritimes pour la consolidation et la maritimisation de l'économie nationale.

Mesdames, Messieurs,

La convention des Nations Unies sur le droit de la mer dite convention de Montégo Bay a été adoptée le 10 décembre 2002, il y a maintenant quarante ans. C'est la Constitution des mers et des océans. Elle a été ratifiée par notre pays. A l'occasion des travaux de révision dudit texte en Jamaïque, le Ministre Coussoud-Mavoungou y avait apporté des contributions remarquables. Ce texte de portée mondiale sera célébré non seulement par les Nations Unies mais aussi par la majorité des Nations maritimes. Pour notre pays, le de cujus caressait le rêve de pouvoir y donner un écho particulier.

Que retenir de ce personnage, notre contemporain, cet homme de transition né peu avant l'indépendance de notre pays, la période de démocratisation de notre pays, et enfin la naissance d'une nouvelle République ? Si sa photo dans cette salle nous rappelle les traits et le souvenir de celui qui fût, tour à tour, grâce à sa taille, son élégance puisqu'il se considérait même comme sapeur, sa voix chaude à la puissance de son verbe, un homme à l'écoute, ouvert, sensible, généreux, autoritaire au sens noble du terme, un homme de caractère et de parole, voici que dans notre fragile mémoire s'estompe déjà sa silhouette. Les uns s'arrêteront à l'image du jeune qui aimait arborer sa tenue de marin, ou un homme à la tête toujours bien rasée. D'autres garderont au contraire le souvenir d'un homme ambitieux qui considérait qu'il n'y a de réussite personnelle que dans l'accomplissement du collectif. Déjà avons-nous du mal à faire revivre son sourire tantôt encourageant, tantôt goguenard et sarcastique, ses yeux brillants, intelligents, malicieux, toujours aux aguets. Sa bouche d'où était prête à sortir une saillie, tantôt pleine d'humour, tantôt assassine.

Martin Parfait Aimé Coussoud-Mavoungou prenait soin de ses racines où il plongeait régulièrement, de son village de Bilala dans le Mayombe où il reposera pour l'éternité. Les populations de ce village se souviendront de ses bienfaits. Il était aussi un enfant du quartier Foucks à Pointe-Noire. Un Congolais dont l'identité recoupait celle des Congolais de toutes les origines mais également la communauté ouest-africaine bien présente dans la ville et dans son quartier. Un Congolais qui, comme les jeunes de son époque avait joué au mwana foot avec les Congolais de toutes les tribus, aussi bien qu'avec les Congolais d'adoption venus de tous les horizons du contient et pour qui ce quartier est plus qu'un territoire. Une culture. Un homme qui ne concevait pas son existence sans partager des heures avec des amis que le destin avait placés sur son chemin et qui provenaient de tous les horizons de notre cher et beau pays.

Le regard de Martin Parfait Aimé Coussoud-Mavoungou et sa vision du futur s'étendaient au-delà de nos frontières. Il avait à cœur de représenter dignement le Congo sur la scène internationale toutes les fois où il en avait eu l'occasion et où il s'illustra avec brio. Ceux qui l'ont accompagné dans des missions à l'étranger étaient souvent surpris de voir comment son nom ouvrait certaines portes et comment ses observations étaient écoutées avec attention. L'intelligence avec laquelle il exposait nos positions amenait, même ses adversaires à respecter son, notre point de vue, tant il savait le présenter sans heurter inutilement son interlocuteur.

J'ai beaucoup parlé de l'homme politique, du maritimiste. L'homme à qui la Nation réunie rend aujourd'hui hommage. Mais il est un autre Coussoud-Mavoungou indissociable de l'autre, des autres Coussoud-Mavoungou. L'homme tout court. Celui auquel des hommes qui sont réfractaires au jargon de la place publique, des femmes que leur instinct et leur sagesse poussent à se méfier des honneurs, des enfants qui ne savent pas encore déchiffrer le monde, étaient attachés, aimaient et pleurent non en raison de ses titres, mais pour ses qualités humaines fondamentales, intrinsèques.

Ce Coussoud-Mavoungou là était à mon avis un personnage attachant, plein de relief, avec ses ombres et ses lumières, ses contradictions, tout ce qui le rendait riche, fascinant. Il appréciait autant les bonnes choses. Martin Parfait Aimé Coussoud-Mavoungou a aimé la vie et la vie l'a comblé de ses fruits.

A l'occasion d'une tribune libre qui lui était consacrée, à la suite de son décès, il était dit que c'est « un inlassable ouvrier de l'esprit et de la technique qui s'en est allé ». A mes yeux, trois mots résument ce héros de la vie quotidienne, de la vraie vie. L'espoir, la persévérance et la compétence.

Insensible à l'attrait du matériel, il savait donner, distribuer, offrir plutôt que d'accumuler. Il était prêt à se dépouiller pour autrui, à s'offrir lui-même à ceux qu'il aimait. Il s'est donné pleinement au service du Congo.

C'est en quoi, Monsieur le président de la République, vous avez eu raison de montrer la reconnaissance de la Nation au serviteur acharné de l'Etat en le décorant par Décret numéro 96-869du 15 décembre 1996 en qualité de grand officier dans l'ordre du mérite congolais.

Appréciant son œuvre maritime, la France lui a octroyé la décoration de commandeur dans l'ordre du mérite maritime français, plus grande distinction dans ce domaine qui récompense les marins ou les personnalités qui se sont distingués. Il était également officier dans l'ordre national ivoirien.

Martin Parfait Coussoud-Mavoungou est l'auteur de deux ouvrages publiés aux éditions L'Harmattan Congo. Il considérait que le passage à une fonction n'a véritablement de sens si on y laisse des empruntes qui permettront aux successeurs et générations futures de pouvoir y plonger, en cas de besoin.

Le premier ouvrage publié en octobre 2021 est consacré au Congo et l'Agence internationale de l'énergie atomique. Cet ouvrage comporte la préface du Premier Ministre Clément Mouamba.

Le second ouvrage publié en 2017 est intitulé Pour une marine marchande au service du développement, Discours. L'auteur partage ses trente-cinq ans de vie administrative maritime.

Mesdames, Messieurs,

Le 25 septembre 2017, à l'occasion du port de l'une de ses décorations, Martin Parfait Aimé Coussoud-Mavoungou prononçait quelques mots pour la circonstance « Je peux considérer avoir réussi. Le bon ouvrier est celui qui possède les bons outils, il taille sa pierre selon sa sensibilité, son bagage culturel et éducationnel sans formatage intellectuel. La vie n'est pas un problème à résoudre, mais une réalité dont il faut faire l'expérience.

Venu du Mayombe profond à 112 kilomètres de Pointe-Noire, répondant à l'appel de la mer de Jean-Baptiste Tati-Loutard, la mission est faite. Je peux désormais repartir dans le Mayombe profond avec joie et frénésie, empruntant cette fois la route nationale majestueusement faite par le bâtisseur Denis Sassou-Nguesso ».

Adieu Monsieur le Ministre. Au revoir, car tu ne nous quittes pas. Tu nous précèdes. Crois-moi tu nous inspireras.

MOT DE BIENVENUE A L'OCCASION DU COLLOQUE INTERNATIONAL EN HOMMAGE AU MINISTRE MARTIN PARFAIT AIME COUSSOUD-MAVOUNGOU

par Eric DIBAS-FRANCK
Président de l'association congolaise du droit maritime

Monsieur le Préfet,

Il y a cinq ans – c'était le 20 juillet 2017 – l'Association Congolaise du Droit Maritime consacrait, pour la première fois, un colloque scientifique international. Il s'agissait de faire de bilan des cinq ans d'existence et d'application du Code communautaire de la marine marchande révisé, à Brazzaville, le 22 juillet 2012.

Ledit colloque a donné lieu à la publication d'un ouvrage, la même année, aux éditions l'Harmattan.

Le succès incontestable de cette journée, à laquelle l'Association Camerounaise avait apporté son concours, nous avait fait augurer qu'elle serait suivie d'autres. Cet augure se vérifie aujourd'hui. Voilà la seconde de ces journées, avec ses ombres mais surtout ses lumières.

Vous me permettrez, Monsieur le Préfet, de ne pas taire tout à fait le plaisir et l'émotion que j'éprouve à souhaiter la bienvenue à cette journée et d'en dire rapidement les raisons.

Ce plaisir est d'abord celui du président de l'Association Congolaise du Droit maritime, ancien président des experts du Congo pour la révision du Code de la marine marchande de la CEMAC qui avait à cœur de mobiliser la communauté maritime nationale et même sous-régionale, voire internationale pour célébrer deux instruments juridiques majeurs nécessaires à la maritimisation de notre économie nationale : le Code communautaire de la marine marchande révisé qui a dix ans, depuis exactement une semaine, et la Constitution des océans, j'allais dire la Convention des Nations Unies sur le droit de la mer du 10 décembre 1982 dite convention de Montego Bay ratifiée par notre pays, en 2008.

A la vérité, célébrer ses deux instruments, c'est célébrer une vie, celle d'un érudit secteur maritime africain, Martin Parfait Aimé COUSSOUD-MAVOUNGOU, Président d'honneur de notre association.

Mais c'est aussi comme un ancien disciple du *de cujus* que je suis heureux et ému de cet hommage. Comme le sont assurément tous ceux, nombreux ici, qui partagent le privilège de l'avoir côtoyé ou encore d'avoir bénéficié de ses lumières. C'est un maître, un chef que nous avons tant admiré et tant aimé.

Permettez-moi, Monsieur le Préfet, de vous remercier d'avoir fait le déplacement de la vie océane et de participer activement à cet hommage à votre ancien collègue et frère.

Ces remerciements et notre reconnaissance sont préalablement adressés à Monsieur le Premier Ministre, Chef du Gouvernement que vous représentez ce jour. N'avait-il pas déclaré, le 11 mai 2022, à l'occasion du centenaire de Pointe-Noire, je cite « parler de Pointe-Noire d'hier et aujourd'hui, c'est aussi s'acquitter d'un devoir, un devoir de mémoire et une obligation morale tenant à la célébration des grandes personnalités dont les œuvres ont laissé des empruntes traversant les âges et les générations. Devoir et obligation envers le passé, c'est rendre témoignage et un hommage mérité aux grands hommes et pionniers du terroir qui ont forgé la morphologie et l'histoire de la ville et dont les œuvres parlent encore d'elles-mêmes » au nombre desquels Martin Parfait Aimé COUSSOUD-MAVOUNGOU.

En écho à ces propos ressemblant à une lapalissade, nous disons Merci à cet homme fauché par le destin dont la mer et la marine marchande constituaient les rives de sa vie.

Monsieur le Préfet, Mesdames Messieurs,

L'objectif de ce colloque est d'assurer la promotion, la vulgarisation et la mise en musique de notre instrument communautaire portant droit uniforme en Afrique centrale, afin d'en faciliter l'intelligibilité, l'appropriation et l'application tant par les professionnels du domaine maritime et portuaire que par les acteurs du giron judiciaire, sans oublier le monde universitaire et tous ceux qui ont à cœur le développement d'une économie bleue dans notre sous-région d'Afrique centrale en général et au Congo en particulier. Bref faire un bilan sans complaisance de la mise en œuvre de deux instruments maritimes importants et d'en apporter des réponses.

Ce colloque a également pour objectif de rendre hommage au Président d'honneur de notre Association qui avait fait de la formation et du renforcement des capacités les balises de ses actions.

Monsieur le Préfet, Mesdames Messieurs,

Paul Valéry disait : « On entre dans le futur à reculons ». Cette maxime nous conduit à dire ou à rappeler qu'à l'occasion de notre colloque d'il y a cinq ans, il avait été relevé que « les paysages législatifs étant en réalité souvent abondamment peuplés de bois morts » pour reprendre une délicieuse expression attribuée au Doyen Carbonnier, la vitalité de nos codifications méritait en permanence d'être mesurée et évaluée.

La question que nous sommes en droit de nous poser est celle de savoir si l'évaluation faite aura produit les effets attendus :

- Le Code de la marine marchande et la Convention des Nations Unies demeurent méconnus par bon nombre de professionnels ;

- Certaines notions du Code de la marine marchande sont confuses ;

- La garantie du développement du contenu local ne semble pas acquise ;

- Le traitement insuffisant des questions relatives à la facilitation du commerce maritime reste pendante ;

- L'institutionnalisation d'une Chambre maritime au sein des juridictions d'instance et d'appel, et surtout une Chambre spécialisée au sein de la Cour de justice de la CEMAC pour connaître des recours en contentieux maritimes restent sans réponse.

Cette liste n'étant pas exhaustive. Ceux qui, comme moi ont la passion et l'amour de la mer se feront leur opinion.

Monsieur le Préfet, Mesdames Messieurs,

Le 29 septembre 1998, à Brazzaville, le Président de la République, Chef de l'Etat, Son Excellence Monsieur Denis SASSOU-NGUESSO dans sa dynamique de construction d'une Afrique solidaire et prospère nous invitait à un management stratégique de la mer. Ce management constant et renouvelé vient une fois d'être concrétisé par la création, pour la première fois au Congo, d'un Secrétariat permanent du Comité interministériel de l'action de l'Etat en mer et dans les eaux continentales. Une initiative pour laquelle on ne peut hésiter d'applaudir.

Monsieur le Préfet, Mesdames Messieurs,

Chaque année et à la même période, notre Association organisera un colloque scientifique international. Elle a décidé que cette journée s'appellera, désormais, la journée Martin Parfait Aimé COUSSOUD-MAVOUNGOU.

Cette idée n'est pas née *ex nihilo.* Elle est empruntée aux grandes associations nationales du Droit maritime comme l'association française du Droit maritime qui célèbre, chaque année, au début du mois de juillet, la journée Ripert.

Au nombre des célébrations, permettez-moi de solliciter la participation effective des membres de notre Association, à l'occasion du 125ème anniversaire du Comité maritime international qui sera célébré, avec éclat, à son siège à Anvers en Belgique du 19 au 21 octobre 2022. Ce sera le rendez-vous incontournable des maritimistes du monde.

Monsieur le Préfet, Mesdames Messieurs,

Je peux d'ores et déjà annoncer ici et maintenant que les actes de notre colloque donneront lieu à la publication d'un ouvrage.

Merci, merci, merci du fond du cœur pour Martin Parfait Aimé COUSSOUD-MAVOUNGOU à vous tous, particulièrement à Monsieur Anatole Collinet MAKOSSO, Premier Ministre, Chef du Gouvernement pour ses contributions multiformes, à Vous Monsieur le Ministre, au port autonome de Pointe-Noire, au Guichet unique des opérations transfrontalières, à la Marine marchande, à la Marine nationale, à la société Servtec, à la société Ilogs, à Bolloré Africa Logistics, au cabinet SBV Consulting.

Monsieur le Préfet, Mesdames Messieurs,

Les enseignements que nous a laissés notre Président d'honneur ne cessent de luire dans l'ombre qui, inexorablement, s'étendra sur les années distantes.

De ce trésor, nous avons extrait un joyau dont l'éclat imposait les thèmes de cette rencontre.

Que Dieu bénisse notre colloque, qu'il ait l'âme de notre Président d'honneur.

Je vous remercie.

HOMMAGE A
MONSIEUR LE MINISTRE COUSSOUD-MAVOUNGOU

par Philippe DELEBECQUE
Professeur à l'Université de Paris-I (Panthéon-Sorbonne)
Président de l'Association Française du Droit Maritime

J'ai appris avec beaucoup de tristesse le décès de son excellence, Monsieur le Ministre Martin Parfait Aimé Coussoud-Mavoungou. J'ai eu le grand privilège de connaître, en 1990, son excellence lors d'une soutenance de thèse à la Faculté de droit d'Aix-Marseille avec Pierre Bonassies et Christian Scapel et, depuis, nos relations scientifiques n'ont cessé de se développer.

Je voudrais d'abord, en tant qu'universitaire et « maritimiste », saluer la carrière de Monsieur Martin Coussoud : Bordeaux et le droit des affaires ; Nantes et le droit maritime ; Bordeaux, de nouveau avec le diplôme d'administrateur des Affaires maritimes. Carrière où les expériences professionnelles venant compléter les cursus universitaires ne manquent pas : embarquement à bord de navires de la SITRAM ; direction de la Marine Marchande, … , où les fonctions techniques et politiques se sont également multipliées : expert auprès de la Banque Mondiale, Présidence du Comité d'experts de l'OMAOC, chargé de mission auprès du Conseil congolais des chargeurs, … On ne saurait tout citer ou évoquer. Ce qu'il faut souligner, c'est sans doute l'extrême compétence de Martin Coussoud dans les questions maritimes les plus complexes, qu'il s'agisse de sécurité maritime ou de transport et d'affrètement.

Je voudrais ensuite relever les nombreuses contributions scientifiques de feu son excellence : sur la pêche industrielle, sur les droits de trafic ou encore sur sa contribution à l'adhésion du Congo aux Conventions maritimes internationales et, notamment, aux Règles de Rotterdam, ce qui démontre la grande ouverture de votre République sur la modernité et son souci d'être avant tout un Etat de droit.

Sur la carrière plus politique de son excellence Martin Coussoud, il ne m'appartient naturellement pas de dire quoi que ce soit, mais qu'il me soit néanmoins permis de rappeler combien son excellence était soucieux des problèmes d'éducation et de formation. Je peux personnellement en témoigner, ayant eu le grand honneur d'être reçu à Brazzaville dans le bureau du Ministre de la Recherche qu'était alors Martin Coussoud. Nous avions parlé pendant près d'une heure des exigences de formation universitaire et professionnelle dans le monde maritime, avec du reste Monsieur Eric Franck-Dibas, à qui je devais un beau voyage à Brazzaville et Pointe-Noire, précisément pour un colloque sur les questions d'actualité maritime.

Nous – permettez-moi d'emprunter cette forme collective pour m'associer à l'hommage que vous rendez à Martin Coussoud, avons eu le grand privilège de connaître un homme de très grande qualité, qui a marqué non seulement le monde maritime africain, mais encore et au-delà tous ceux qui sont ouverts sur le grand large et apprécient les vertus de courage et de fidélité. Je peux vous assurer que, personnellement, je n'oublierai pas Martin Coussoud et que j'aurai toujours une prière pour lui.

ALLOCUTION PRONONCEE

par Gaston NGAMKAN

Président de l'Association Camerounaise Droit Maritime (ACDM)
Avocat au Barreau du Cameroun
Ancien Avocat à la Cour d'appel d'Aix-en-Provence
Docteur en Droit (Université d'Aix-Marseille)
Consultant en législation des transports à la CEMAC

Monsieur le Préfet du Département de Pointe-Noire,

Monsieur le Député Maire de la ville de Pointe-Noire,

Monsieur le Conseiller du Chef de l'Etat, Chef de département des transports,

Mon Général, Commandant de la zone militaire de défense n° 1,

Monsieur le Président de l'Association Congolaise de Droit Maritime (ACODM), mon cher homologue, ami et frère,

Distingués membres et sympathisants de l'Association Congolaise de Droit Maritime (ACODM),

Mesdames et Messieurs,

Il y a pratiquement cinq ans jour pour jour, les deux associations sœurs – j'ajouterai même jumelles dès lors qu'elles ont été créées presqu'au même moment – éprouvaient un réel bonheur à se retrouver dans cette belle cité balnéaire de Pointe-Noire pour commémorer les cinq années d'adoption et d'application du Code communautaire de la marine marchande de la CEMAC, dans sa version la plus récente issue du Règlement n° 08/12-UEAC-088-CM-23 portant adoption du Code communautaire de la marine marchande adopté le 22 juillet 2021.

Cinq années plus tard, à l'occasion du dixième anniversaire de ce même instrument communautaire, le contexte psychologique n'est plus le même, l'ambiance est moins festive puisque l'événement se déroule au lendemain de l'affligeante disparition d'une des figures emblématiques de la marine marchande congolaise, son Excellence Martin Parfait Aimé COUSSOUD-MAVOUNGOU, de si regrettée mémoire, pour ne pas le nommer.

En ma qualité de Président de l'Association Camerounaise du Droit Maritime (ACDM), c'est donc le cœur meurtri, gangué d'une profonde tristesse, que je prends la parole pour adresser à mon tour à cette auguste assemblée, à la suite de mon alter ego du Congo, mes vives salutations et la bienvenue à ce colloque international consacré à la célébration du dixième anniversaire du Code communautaire de la marine marchande de 2012 et du quarantième anniversaire de la Convention des Nations Unies sur le droit de la mer adopté à Montego Bay (Jamaïque) le 10 décembre 1982.

Croyez bien que je suis doublement triste. Triste d'abord parce que la grande faucheuse qu'est la mort a frappé une icône du secteur des transports maritimes, le Ministre COUSSOUD-MAVOUNGOU, qui aurait assurément participé, de façon significative comme à l'accoutumée, à cet évènement. Triste aussi du fait que, malgré tous les efforts consentis par mes soins, je n'ai pu honorer l'événement en présentiel.

Mon homologue, frère et ami Eric DIBAS-FRANCK, peut en témoigner. J'ai fait tout ce qui était en mon pouvoir afin d'être présent à Pointe-Noire, mais malheureusement n'y suis pas parvenu, en raison de l'insuffisance de la desserte des pays de la Communauté en vols aériens.

En effet, par semaine, un seul vol est disponible entre Douala et Pointe-Noire. Il eût donc fallu que je séjournasse une semaine entière au Congo pour participer à ce colloque. Or, mon chronogramme actuel, éminemment surbooké, ne me le permet pas.

Vous comprenez donc aisément ma frustration de ne pas être avec vous en ce jour mémorable.

Le Congo est pratiquement ma seconde nation. Je me suis toujours senti chez moi au Congo et heureux d'y séjourner toutes les fois où j'en ai eu l'occasion.

Cela étant, l'importance de ce colloque, dont les travaux vont démarrer dans un instant, se passe de toute démonstration, en l'état des thématiques qui seront débattues. Celles-ci portent, d'une part, sur les dix ans du Code communautaire de la marine marchande dans sa version issue de la réforme de 2012 et, d'autre part, sur les quarante ans de la Convention des Nations Unis sur le droit de la mer – en abrégé CMB (Convention Montego Bay).

Alors que celle-ci fête ses noces d'émeraude, l'émeraude étant la pierre associée aux quarante ans de mariage qui symbolise la sagesse et la patience, qualités acquises au fil des années du mariage, le Code communautaire de la marine marchande n'a pas encore achevé sa crise de croissance, sa maîtrise par les professionnels du droit maritime et les autres usagers n'étant pas encore effective.

Pour autant, ce Code a reçu un accueil méritoire dans le giron judiciaire, étant devenu le livre de chevet, le bréviaire des acteurs de ce giron que sont les Avocats et les magistrats. Et il faut s'en féliciter !

En effet et pour ne citer que l'exemple du Cameroun que je connais mieux, le Code est fréquemment invoqué devant les juridictions, notamment celles de Douala, principale ville portuaire du Cameroun, dans plusieurs matières. Je citerai, entre autres, le transport de marchandises par mer, les assurances maritimes, la saisie conservatoire de navire, l'abordage, l'assistance maritime, la limitation de responsabilité en matière de créances maritimes, la compétence juridictionnelle, la manutention et l'acconage, sans que le catalogue soit exhaustif. Il est même parfois en concurrence avec certaines conventions internationales.

Il reste cependant que ce code a besoin d'être davantage vulgarisé, d'être mis en musique, afin d'en faciliter la compréhension et l'usage.

D'où, une fois de plus, l'utilité de ce colloque.

En outre, la pratique de Code a permis d'y desceller quelques scories et insuffisances. A titre exemplatif, dans le cadre du contrat de transport, la définition de la « ***partie exécutante maritime*** » a été omise par inadvertance.

De même, je suggère qu'un troisième paragraphe soit ajouté à l'article 150 sur la saisie conservatoire de navires, afin de désamorcer l'arbitraire du juge des requêtes, lequel refuse parfois d'accorder la licence aux fins de saisie alors même que toutes les conditions légales sont réunies (existence de « ***créance maritime paraissant fondée en son principe*** »). Ce paragraphe pourrait être ainsi conçu :

« ***Lorsque l'autorité judiciaire compétente dit n'y avoir lieu à saisie, il rend une ordonnance motivée susceptible d'appel dans le délai de quinzaine à compter de sa notification au créancier saisissant par tout moyen laissant trace écrite*** ».

Par suite, il faudra déjà songer à remettre le Code sur le métier.

S'agissant à présent du second thème portant sur la Convention des nations Unies sur le droit de la mer, il n'est pas moins important pour les Etats. Témoin le succès remarquable qu'il a connu.

En effet, entrée en vigueur le 16 novembre 1994, cette convention rassemble plus de 130 Etats, dont la plupart des Etats maritimes, mais à l'exception, fort curieuse, des Etats-Unis. Elle a été adoptée sous la pression des pays en développement et reprend, pour l'essentiel, les règles dégagées antérieurement par la coutume internationale, mais en institue également de nouvelles. D'une manière générale, le nouveau droit de la mer s'illustre par l'affaiblissement substantiel de la liberté de la haute mer. Ce droit restreint d'abord l'étendue territoriale de la haute mer, en accroissant les droits des Etats sur leurs eaux riveraines. Par ailleurs, il règlemente l'usage de la haute mer confiant la gestion de l'exploitation des grands fonds sous-marins à une institution internationale, l'Autorité Internationale des Fonds Marins (AIFM).

L'évolution des règles du droit de la mer a des conséquences concrètes sur le statut juridique des navires ou de leurs équipages, que le navire se trouve dans une zone de souveraineté étatique (mer territoriale, zone contigüe ou zone économique) ou dans une zone de souveraineté internationale (haute mer). D'où la nécessité d'avoir une bonne appréhension de ce plantureux corpus international de 320 articles.

Les travaux du colloque permettront, dans l'après-midi, d'examiner plus avant ces questions.

Je ne saurais achever mon propos sans évoquer, de plus fort, la mémoire de l'illustre disparu, feu le Ministre Martin Parfait Aimé COUSSOUD-MAVOUNGOU, lequel occupait alors le poste de Secrétaire permanent du Comité interministériel de l'action de l'Etat en mer et dans les eaux continentales au moment où il a passé l'arme à gauche à Paris le 14 mars 2022.

Ancien Ministre des transports et de la marine marchande et Président d'honneur de l'Association Congolaise du Droit Maritime, le de-cujus était un infatigable cheval de labour du shipping, un amoureux de la chose maritime, un grand commis de l'Etat.

Je fais sa connaissance à l'occasion de l'atelier préparatoire de la Commission de révision du Code communautaire de la marine marchande tenu au Palais du Parlement à Brazzaville, les 3, 4 et 5 juin 2008, sous l'égide du Ministère des transports et de la marine marchande du Congo, justement coiffé par son Excellence Martin Parfait Aimé COUSSOUD-MAVOUNGOU.

Lors de la cérémonie de clôture de ce colloque, le défunt Ministre m'a approché très discrètement pour me congratuler, ayant été mis au fait de la modeste contribution que j'avais apportée en vue de la réforme du Code de 2001.

Par la suite, il est intervenu auprès de la Commission de la CEMAC afin que la réforme du Code me soit confiée. Et, lorsque j'ai achevé la rédaction du projet de Code, il s'est employé à organiser, à Brazzaville, une réunion des experts qui s'est tenue du 9 au 11 mars 2011, en vue d'examiner ledit projet en prélude à son adoption par le Conseil des Ministres de l'UEAC, organe législatif de la CEMAC, le Ministre COUSSOUD ayant mis un point d'honneur à faire adopter le Code sous la mandature de Son Excellence Denis SASSOU NGUESSO, assurant alors la présidence tournante de la CEMAC.

Ainsi que je l'ai indiqué à l'ouverture du colloque du 21 juillet 2017 consacré aux cinq ans d'application du Code CEMAC de la marine marchande en vedette ce jour, le Ministre COUSSOUD peut être considéré, à juste raison, comme le géniteur spirituel dudit Code.

En effet, non seulement il endosse la paternité de l'idée de la réforme du Code de 2001, mais en outre il s'est investi personnellement afin que la République du Congo abrite les travaux des experts de la CEMAC et que le Code soit adopté à la 23ème session ordinaire du Conseil des Ministres de l'UEAC tenue à Brazzaville le 22 juillet 2012, en prélude à la 11ème session de la Conférence des Chefs qui devait se tenir, dans la foulée, le 25 juillet 2012.

C'est donc non sans raison qu'un vibrant hommage est rendu, ce jour, au défunt Ministre à l'occasion du dixième anniversaire du Code communautaire de la marine marchande de 2012.

Avec la disparition du Ministre COUSSOUD, le Congo perd un grand serviteur d'Etat, un de ses dignes fils.

Quant à moi, je perds un frère, un aîné. En effet, le défunt ne m'avait jamais appelé, ni par mon nom, ni par mon titre d'Avocat et encore moins par celui de Président de l'Association Camerounaise du Droit Maritime. J'étais pour lui un frère, tout simplement.

C'est dire qu'à ses qualités professionnelles, il avait su allier de grandes qualités humaines, développer des relations très affectueuses avec ses contemporains. Que son âme repose en paix !

Pour terminer, je souhaite vivement un heureux anniversaire à notre Code communautaire de la marine marchande et à la Convention de Montego Bay, par anticipation, la date anniversaire réelle étant le 10 décembre prochain.

Bon vent aux travaux de ce colloque !

MOT DE REMERCIEMENTS DE LA FAMILLE COUSSOUD-MAVOUNGOU

par Monsieur Jean Pierre Aubin COUSSOUD
Conseiller Chargé des Etudes et de la Prospective au Secrétariat Permanent du Comité Interministériel de l'Action de l'Etat en Mer et dans les Eaux Continentales

Au moment où retentit encore sa voix dans cette salle de conférences du Conseil Congolais des Chargeurs et après son passage ici même lors de la réunion des chefs d'état majors de la marine des pays riverains du Golfe de guinée en novembre 2021,

Permettez-moi, au nom de la famille, des enfants et petits-fils.

Chaque image, chaque parole, me replonge dans son souvenir. Mais rassurez-vous, notre bonheur de l'avoir connu nous donne la force de continuer sans oublier, car nous convenons avec le philosophe qui a dit, je cite : *« le véritable tombeau des morts c'est le cœur des vivants ». Fin de citation.*

Je voudrais donc dire merci à toute l'assistance. Votre présence Mesdames et Messieurs en ce lieu et pour la circonstance, montre combien vous appréciez la personne et la personnalité de l'Homme qui a été **Martin Parfait Aimé COUSSOUD-MAVOUNGOU.**

Avec émotion ! J'ai suivi le film et la présentation du livre. Pour avoir grandi dans son sillage, j'ai vu se forger un maritimiste partant de son domicile tôt le matin et ne rentrant que tard le soir, souvent absent pour causes professionnelles et parfois n'assistant pas à certaines naissances de ses enfants.

Pour avoir été un de ses collaborateurs dévoués lors de son passage au Gouvernement, ensuite au Secrétariat Permanent, j'ai vécu l'homme acharné et consacré au travail, persévérant et parfois zélé dans l'accomplissement de ses multiples tâches.

Pour sa carrière de maritimiste, je laisse le soin aux ainés cet exercice qui vont trouver les vrais mots et verbes pour une meilleure évocation de leur métier, car je n'ai nullement la capacité de le faire.

Je peux oser dire que **Martin Parfait Aimé COUSSOUD-MAVOUNGOU** était un Cadre soucieux du partage du savoir, mettant le capital humain au centre de son action.

Oui, **Martin Parfait Aimé COUSSOUD-MAVOUNGOU** avait l'amour du prochain et ne pouvait concevoir une administration maritime forte sans un personnel formé. Comme nombreux de mes compatriotes, j'en suis la preuve.

Oui, **Martin Parfait Aimé COUSSOUD-MAVOUNGOU** avait un rêve plus important pour la marine marchande. De nombreux témoignages tant sur le plan national que sur le plan international le montrent à suffisance.

Et ce jour, l'Association Congolaise du Droit Maritime avec à sa tête le Docteur **Éric DIBAS-FRANCK** honore **Martin Parfait Aimé COUSSOUD-MAVOUNGOU**. Merci pour cette initiative.

Merci à toute la communauté maritime. Merci à Monsieur **Jean-Claude BOUKONO**, son Ami, son Frère et son Collègue des jours heureux et difficiles de la marine marchande, mais aussi son compagnon de la mission gouvernementale.

Ici je commettrai une maladresse pour ne pas citer les professionnels du métier de la marine marchande et des transports maritimes, qui ont contribué de beaucoup à l'exercice de la mission gouvernementale de l'illustre disparu, notamment : **André LOEMBA-NGOMA, Joachim KOUBEMBA, Alphonse MOULOPO, Louis Marie IBARA, Félix MOUTHOUD-TCHIKAYA, Roger Charles DUSSAUD, Luc Antoine SAMBOT et Jean Marie ANIELE.**

Toujours dans le souci d'une franche collaboration de travail prônée par le Ministre **COUSSOUD-MAVOUNGOU**, je voudrais rappeler l'étroite collaboration avec le Ministre **Jean Jacques BOUYA**, Ancien du Conseiller aux transports du Chef de l'Etat et le Conseiller **Jean Louis OSSO** ici présent.

La tenue de ce colloque nous donne l'occasion de renouveler nos hommages à Son Excellence Monsieur **Denis SASSOU NGUESSO** et Son Epouse, au Gouvernement de la République avec à sa tête Son Excellence Monsieur **Anatole Collinet MAKOSSO**, aux deux chambres du Parlement congolais, notamment les Présidents **Isidore MVOUMBA et Pierre NGOLO** ainsi qu'au Parti Congolais du Travail avec son Secrétaire Général le Camarade **Pierre MOUSSA**, pour la reconnaissance de la Nation.... Le temps passe mais n'efface pas le souvenir...........

Martin Parfait Aimé COUSSOUD-MAVOUNGOU, a joué sa partition, à nous d'écrire la suite. C'est à cela que s'attèle l'Association Congolaise du Droit Maritime et je vous en félicite.

Mesdames et Messieurs, je vous remercie !

DISCOURS D'OUVERTURE

par Monsieur Alexandre Honoré PAKA
Préfet du Département de Pointe-Noire

Au nom du Gouvernement de la République, de son Chef, le Premier Ministre Anatole Collinet Makosso que je représente ce jour, et à mon nom propre, je vous remercie d'avoir répondu à l'invitation de l'Association Congolaise du Droit Maritime et d'honorer de votre présence la cérémonie d'ouverture du colloque consacré aux Dix ans du Code de la marine marchande de la CEMAC révisé, à Brazzaville, le 22 juillet 2012 ainsi qu'à la célébration des quarante ans de la Convention des Nations Unies sur le Droit de la mer dite Convention de Montego Bay.

Votre présence aussi nombreuse s'explique – sans aucun doute – pour l'hommage que nous avons tous à cœur de rendre à un homme qui aura marqué son temps, un homme dont la mer et la marine marchande constituaient l'un des combats majeurs de sa vie, un parent, un ami, un complice : Martin Parfait Aimé COUSSOUD-MAVOUNGOU.

La République reconnaissante lui a rendu un vibrant hommage en présence de Son Excellence Monsieur Denis SASSOU-NGUESSO, Président de la République, Chef de l'Etat.

Je veux, à cet instant, saluer et féliciter l'Association Congolaise du Droit maritime, pour son initiative, pour son devoir de mémoire.

Mesdames, Messieurs,

Il vous souviendra, que c'est à Brazzaville que le Congo, fidèle à sa politique de construction maritime, que ce sont tenues les réunions qui ont abouti à la révision de notre instrument communautaire : le Code de la marine marchande.

Tous les observateurs avertis ont reconnu et cela – sans exception – que le Ministre COUSSOUD-MAVOUNGOU en a été la cheville ouvrière.

Le 11 mars 2011, à l'occasion de la cérémonie de clôture de la réunion des experts relative à la révision dudit Code, le *de cujus* s'interrogeait : « Dans quel forum parle-t-on des questions résultant de l'application du Code ? Sauf erreur, rien de tel n'a été prévu. Or, cet instrument doit vivre en même temps qu'il doit faire vivre les affaires maritimes de la sous-région. Alors, il faut réfléchir, au-delà de sa révision pure, aux dispositifs qu'il faut mettre en place afin de lui donner plein effet dans tous les Etats membres ».

Cette interrogation demeure une question de grande importance et de constante actualité. Je vous invite donc à la réflexion et espère vivement que vos travaux aboutiront à des réponses concrètes.

Mesdames, Messieurs,

Notre pays a ratifié, le 17 janvier 2008, la Convention des Nations Unies sur le Droit de la mer. L'importance de cette dernière n'est plus à démontrer. Cependant, on observe que ces évolutions récentes n'ont pas toujours retenu l'attention de ceux qui doivent la mettre en œuvre. C'est la raison pour laquelle, je vous invite à une réflexion soutenue qui permettra au Gouvernement d'avoir davantage des éclairages concernant lesdites évolutions.

Mesdames, Messieurs,

Le 16 avril 2021, à l'occasion de son discours d'investiture, le Président de la République, Son Excellence Monsieur Denis SASSOU-NGUESSO déclarait : « il existe un défaut récurrent au sein de notre administration et auquel J'entends mettre un terme, c'est bien celui-ci : on légifère, mais les décrets d'application tardent le plus souvent à venir, et quand ils existent, c'est la volonté de les mettre en œuvre qui est la plupart du temps aux abonnés absents ».

Ce constat-instruction du Président de la République est tellement vrai qu'il invite à un sursaut de tous car, à la vérité, aussi bien le Code communautaire de la marine marchande que la Convention des Nations Unies sur le droit de la mer souffre de la quasi-absence des textes d'application. Ces carences doivent être corrigées rapidement.

Mesdames, Messieurs,

Durant cette journée, les conférenciers auront à échanger sur des questions pratiques du droit maritime et du droit de la mer. L'objectif recherché est de faire la promotion et le bilan des dispositions de deux instruments maritimes, de trouver des points de convergence et d'enrichir vos expériences respectives. Ce faisant, vos réflexions et échanges conduiront, je le souhaite, à définir les axes d'un véritable arrimage de notre Droit maritime et du Droit de la mer à la modernité, initiative chère à Son Excellence Monsieur Denis SASSOU-NGUESSO, Président de la République, Chef de l'Etat.

Point n'est besoin de rappeler que la sécurité, la sûreté maritime et le développement en Afrique méritent qu'une attention particulière leur soit accordée au moment où l'on observe l'émergence d'actes de piraterie dans le Golfe de Guinée.

Par ailleurs, je ne peux passer sous silence, et à cet instant, les conséquences de la pandémie à coronavirus dite Covd-19 qui non seulement nous a tous ébranlé mais impose, désormais, d'adapter nos législations et comportements dans ce monde en mutation. Je pense, à cet instant aux Règles de Rotterdam c'est à dire à la Convention des Nations Unies pour un contrat de transport international de marchandises effectué entièrement ou partiellement par mer. Bien qu'elle ne soit pas encore entrée en vigueur, ces dispositions pertinentes ont été intégrées dans le Code communautaire de la marine marchande. Au bénéfice de cela, il y a l'introduction de la dématérialisation des actes que chacun de nous devra s'approprier.

C'est la raison pour laquelle, pour la primauté du Droit et le bien de tous, je vous exhorte à mener des discussions constructives et fructueuses. Je prends l'engagement d'être attentif aux conclusions et recommandations de vos travaux.

Mesdames, Messieurs,

Au nom de Monsieur Anatole Collinet Makosso, Premier Ministre, Chef du Gouvernement, je déclare ouvert le colloque en hommage au Ministre Martin Parfait Aimé COUSSOUD-MAVOUNGOU.

Je vous remercie.

PRESENTATION DE L'OUVRAGE DE MONSIEUR MARTIN PARFAIT AIME COUSSOUD-MAVOUNGOU « POUR UNE MARINE MARCHANDE AU SERVICE DU DEVELOPPEMENT, DISCOURS », EDITIONS L'HARMATTAN

par Eric DIBAS-FRANCK
Enseignant de Droit maritime à la faculté de Droit de l'Université Marien NGOUABI
Président de l'association congolaise du droit maritime

Il ne se passe pas un jour au Congo, depuis près d'une vingtaine d'années, sans que la question maritime s'enrichisse de nouveaux sujets. J'aurais dû dire « la maritimisation de l'économie nationale » sans qu'il soit utile de préciser « économie congolaise ». Je suis de ceux qui estiment que la formation maritime en République du Congo est une question de grande importance et de constante actualité. Elle ne peut pas être passée sous silence. Aussi, j'ai été très sensible, le 25 novembre 2017 à Pointe-Noire, à l'occasion de la remise de la distinction de Commandeur dans l'ordre du mérite maritime français à Monsieur Martin Parfait Aimé COUSSOUD-MAVOLINGOU, lorsque celui-ci a déclaré que l'une de ses fiertés majeures dans le secteur maritime restera l'introduction de l'enseignement du Droit maritime à l'Université Marien NGOUABI, l'enseignement que le soussigné assure avec « bravoure » disait-il. Mais que vaut une formation sans support ? En effet, depuis une décennie, les ouvrages de référence en Droit maritime consultés par les étudiants de la faculté de Droit de l'Université Marien NGOUABI sont principalement des ouvrages de droit français. Il est donc urgent que l'on remédie à cette carence. C'est à cela que, j'ose penser que ceux qui ont à cœur d'apporter leur pierre à la construction du maritime au Congo doivent s'y atteler.

La question que je viens d'évoquer paraîtra hors sujet à plus d'un car, la raison de notre présence, en cette salle mythique de la Chambre consulaire de Pointe-Noire, n'est pas d'ouvrir un débat sur la maritimisation de l'économie congolaise, mais plutôt d'introduire à la lecture de l'ouvrage de Monsieur Martin Parfait Aimé COUSSOUD-MAVOUNGOU intitulé **Pour une Marine Marchande au service du développement Discours,** paru le 24 novembre 2017, aux éditions L'Harmattan Congo-Brazzaville, et comptant 289 pages dont 62 discours.

Il est inconvenant de parler d'un livre sans le situer dans son contexte de production et, par conséquent, de lecture. Il est dès lors évident qu'à la lumière de la préface de Madame le professeur Françoise ODIER que l'on retienne qu'il s'agit ici de « l'engagement d'une personnalité politique en faveur du transport maritime et multimodal » (page 7). A la vérité, il s'agit également de l'engagement d'un érudit du secteur maritime congolais, voire africain. La politique tenant le maritime en l'état, l'auteur a cru bon d'afficher en première page de couverture sa photo. Celle-ci domine le bleu des maritimistes, j'allais dire de la mer. Une autre explication s'impose : c'est un ouvrage de politique maritime. Ceci explique donc cela.

Dans l'avant-propos à l'ouvrage, l'auteur affirme avec une certaine modestie que « les discours qui en constituent l'ossature ont été prononcés dans le cadre des charges que j'ai assumées au sein de l'organisation maritime de l'Afrique de l'Ouest et du Centre de 1998 à 2001 et que j'assume au sein du Gouvernement pour les questions maritimes depuis 2008, en qualité de Ministre ou de Ministre Délégué à la Marine Marchande » (page 9). Il affirme par ailleurs et Monsieur DELAPALISSE n'aurait pas dit mieux que « pour le Congo, la reconquête du statut de pays de transit passe en priorité par une réorganisation rationnelle de ce secteur pourvoyeur d'emplois et dont la gestion intègre la formation d'une main-d'œuvre qualifiée, la protection et l'exploitation des ressources naturelles, la construction des infrastructures, ainsi que la sécurisation des voies et des moyens de transport » (page 9).

L'ouvrage est publié au moment où il fallait : « il correspond en effet aux besoins de l'Afrique de l'Ouest et du Centre qui s'engagent dans des mutations essentielles, une évolution de cette nature ne se fait pas en se refermant sur ses frontières, elle n'est possible que grâce à une ouverture au monde » (page 7) estime Madame ODIER.

Le titre de l'ouvrage « pour une marine marchande au service du développement, Discours » ne semble pas avoir été choisi au hasard. Il traduit-sans aucun doute - la volonté et la détermination affichée de l'auteur de mettre en œuvre le programme de société de son Excellence Monsieur Denis SASSOU NGUESSO, Président de la République « en marche vers le développement ». Il y tire sa sève.

Mesdames, Messieurs,

Ici et maintenant que les professionnels du secteur maritime me pardonnent si je ne résiste pas à la tentation de l'universitaire de définir deux notions qui envahissent le titre choisi par l'auteur : marine marchande et développement.

En effet, il est unanimement admis que le terme marine marchande désigne tout ce qui fait l'objet d'échanges commerciaux par voies maritimes et qui est en rapport, avec le transport maritime de marchandises ou de personnes.

Quant au développement, il est un processus complexe, global et multidimensionnel qui ne saurait se réduire à la seule croissance économique et doit intégrer toutes les dimensions de la vie et toutes les énergies d'une communauté dans le cadre de laquelle chaque personne est appelée à participer à l'effort général et à en partager les fruits.

Les deux notions sont interdépendantes indivisibles.

La quatrième de couverture nous renseigne que cet « ouvrage est un fil conducteur des politiques nationales et régionales dans les années à venir et peut servir de guide et d'instrument de réflexion à tous les Etats d'Afrique de l'Ouest et du Centre pour lesquels exporter et importer constitue un élément essentiel de leur activité ».

Les esprits sceptiques pourront se poser la question de savoir pourquoi l'auteur publie cet ouvrage maintenant ? D'autres salueront cette initiative qui rompt avec une tradition orale. Pour ma part, je m'empresse de vous faire une petite confidence qu'il m'a faite, le 12 décembre 2017. Depuis quelques temps, il est à la recherche des archives du mandat du Congo à la Présidence de I'OMAOC. Malheureusement, il constate que celles-ci sont introuvables. Il est donc grand temps de ne pas en faire des secrets de polichinelle. En tout cas, pour le bien de tous.

Est-ce qu'un autre titre n'aurait pas porté l'adhésion, à savoir : Testament au secteur maritime. L'idée peut paraître saugrenue. Mais un indice semble la conforter. Mon intuition n'est pas née ex nihilo. Les pages 275 à 281 sont consacrées à ce testament. Suivez mon regard !

Après 35 ans de vie administrative maritime, l'auteur dit ses vérités : « il est aujourd'hui plus impérieux que l'administration maritime reprenne ses responsabilités en créant les nouvelles conditions de mise en vigueur des conventions maritimes, car chaque Etat est une voix, donc abolir le pourcentage par rapport au tonnage, arme destructive des pays développés vers les nôtres. Il faut mettre en exergue la liste de ces experts que doit utiliser I'OMI. S'impliquer fortement sur les questions de construction navale, par exemple la gestion des embarcations de faibles dimensions.

Associer les pays enclavés dans la question maritime à l'image de la convention de Rotterdam et des Règles d'Almaty. Que nos Etats ratifient la charte africaine des transports maritimes révisée du 26 juillet 2010 » (page 280).

De manière générale, l'ouvrage de Monsieur Martin Parfait Aimé COUSSOUD-MAVOUNGOU est réparti en quinze (15) thèmes : Messages de vœux de nouvel an (pages 11 à 26), Organisation Maritime Internationale (pages 27 à 38), Messages sur la Journée Mondiale de la mer (pages 39 à 58), Organisation Maritime de l'Afrique de l'Ouest et du Centre (OMAOC) (pages 59 à 86), Règlementation Maritime Internationale (pages 87 à 124), Formation Maritime (pages 125 à 142), Sécurité Maritime (pages 143 à 176), Sûreté Maritime (pages177 à 190), Travail Maritime (pages 191 à 198), Ports Maritimes (pages 199 à 220), Facilitation Maritime (pages 221 à 236), Session budgétaire de la Direction Générale de la Marine Marchande (pages 237 à 254), Union Africaine (pages 255 à 266), Divers (pages 267 à 274) et Testament au secteur maritime (pages 275 à 281).

Dès lors, on peut affirmer-sans risque d'être contredit-que l'ouvrage présenté ce jour est un ensemble de sujets divers et variés. Je ne reprendrais pas dans cette brève présentation les différents messages et références politiques toujours très pédagogiques faites par l'auteur, d'autant que ses différentes fonctions ministérielles le commandaient. On se permettra simplement d'attirer l'attention du lecteur sur quelques questions centrales qui traversent tout l'ouvrage et qui doivent nécessairement retenir notre attention : l'opportunité pour le Congo de ratifier la convention des Nations Unies pour un contrat de transport international de marchandises effectué entièrement ou partiellement par mer dite Règles de Rotterdam soumise à la signature des Etats, le 23 septembre 2009. Cette convention, ratifiée par le Congo, n'est toujours pas entrée en vigueur. Pourtant, l'auteur confirme sa justesse et est convaincu qu'elle pourrait constituer le droit des transports maritimes du XXIème siècle.

Une autre convention a régulièrement été au cœur des préoccupations : il s'agit de la convention du travail maritime de I'OIT de 2006 dite MLC 2006, ratifiée par le Congo et depuis, entrée en vigueur. Les conditions de travail descentes des gens de mer n'ont pas échappé aux orientations de l'auteur. Ces orientations pertinentes débouchent sur la conclusion la plus cohérente qui soit s'agissant de la domestication de la règlementation maritime internationale en générale et du Code communautaire CEMAC de la marine marchande. Pour nous tous ici rassemblés, la mise en place d'un comité de suivi pour la mise en œuvre du Code communautaire doit être une évidence, tout comme les réformes et mesures de facilitation nécessaires pour toutes les parties prenantes aux différents aspects du trafic maritime international tel que recommandé par la convention FAL.

Mesdames, Messieurs,

Paul Valéry disait : « un regard sur la mer est un regard sur le possible ».

Je me fais le devoir de rappeler avec l'auteur que le Code « doit vivre en même temps qu'il doit faire vivre les affaires maritimes de la sous-région » (pages 110).

De même, chacun de nous doit avoir présent à l'esprit que c'est le 30 janvier 2008 que le Congo a adhéré à la convention des Nations Unies sur le droit de la mer, dite convention de Montego Bay. Dans quelques jours, ce sera donc le dixième anniversaire de cet évènement de portée révolutionnaire pour notre pays. Et parce que le développement du domaine maritime africain exige des solutions innovantes et des systèmes de gestion adaptés, le 31 janvier 2018 sera célébré le quatrième anniversaire de l'adoption par l'Union Africaine de la stratégie africaine intégrée pour les mers et les océans d'ici à l'horizon 2050, dite stratégie AIM 2050 sous l'impulsion du Président Denis SASSOU NGUESSO dont l'auteur doit se réjouir. Il en rend compte régulièrement dans son ouvrage. J'invite tous ceux qui ont à cœur de faire de Pointe-Noire le carrefour maritime de la sous-région de s'approprier l'appel de COUSSOUD-MAVOUNGOU contenu à la page 15 de son ouvrage.

En outre, on notera et fera crédit à l'auteur d'avoir su imprimer le rythme concernant la mise en œuvre du Code international pour la sûreté des navires et des installations portuaires pour assurer les importations et exportations sans restriction aucune en direction des autres ports du monde.

Si l'on ajoute que l'auteur a su, à juste titre, s'interroger à de nombreuses reprises, sur l'avenir du secteur maritime congolais, en exposant ce qu'il estime être les voies du futur, on peut affirmer, sans guère se tromper, que le praticien, trouvera dans cet ouvrage toutes les réponses aux questions auxquelles il est nécessairement confronté dans sa vie professionnelle. Au-delà de l'apport théorique du présent ouvrage, son ouverture pratique doit être soulignée.

L'ouvrage se lit toujours très facilement ; il faut dire qu'il est particulièrement soigné dans ses transitions, dans ses annonces, dans ses sources... Les analyses sont conduites avec un réel sens de la responsabilité et ne sont jamais trop longues. Bref, on l'aura compris, Monsieur Martin Parfait Aimé COUSSOUD-MAVOUNGOU nous livre un ouvrage sûr et fiable, donc de référence. On ne saurait trop conseiller aux politiques, aux praticiens, aux étudiants, de le lire et d'en prendre note. Sans nul doute, l'embryon de bibliothèque maritime congolaise s'est-elle enrichie avec le pertinent « testament au secteur maritime » de Monsieur COUSSOUD-MAVOUNGOU « Pour une marine marchande au service du développement, Discours » d'une pièce essentielle. Il figurera dans la bibliothèque des politiques et des historiens mais encore dans la bibliothèque de l'honnête homme en quête permanente des repères et du savoir.

Pour le « chemin d'avenir » maritime et « en marche vers le développement maritime ». Ensemble, poursuivons la marche !

Je vous remercie.

LE POINT DE VUE DE L'AVOCAT

par Maître Roland BEMBELLY
Avocat à la Cour (Barreau de Pointe-Noire),
Docteur en droit (Université Paris 10 Nanterre)
et Assistant à l'Université Marien NGOUABI (CONGO)

Introduction

Martin Parfait Aimé COUSSOUD-MAVOUNGOU, Première Préface, Ouvrage de Monsieur Eric DIBAS-FRANCK, « le droit maritime dans la zone CEMAC » l'Harmattan, 2018, page 8.

avait écrit ce qui suit :

« Le pouvoir judiciaire notamment y trouvera de la matière eu égard aux « nombreuses interprétations qu'il est appelé à faire des lois nationales qui « souvent sont sous entendues par des conventions internationales, tel le cas de « la saisie conservatoire, des hypothèques « et autres privilèges maritimes...il « intéressera aussi « bien les universitaires, les magistrats et les avocats… »

Le pouvoir judiciaire, composé de magistrats, d'avocats et bien d'autres auxiliaires de justice, a-t-il réellement pris sa place dans l'interprétation du droit communautaire de la marine marchande ?

- La réponse à cette question constituera notre opinion en tant qu'Avocat.

- Le CCMM est un instrument juridique au service de l'intégration économique des Etats de la CEMAC.

- En effet, le Règlement n°08/12-UDEAC-088-CM-23 issu de la séance du 22 juillet 2012 porte sur l'adoption du code communautaire de la marine marchande.

- Il sied de rappeler les domaines de droit qu'évoque le CCMM sous forme des titres : les dispositions générales, le navire, la navigation maritime, la pollution marine, les gens de mer, les transports maritimes et professions maritimes, les régimes disciplinaires et pénal de la marine marchande, le contentieux en matière d'infractions maritimes, les juridictions maritime et l'arbitrage.

- L'article 798 alinéa 2 du CCMM prévoit que « ...le présent code impératif dans toutes ses prévisions et est directement applicable dans tous les Etats membres. ».

Cependant, à l'occasion des dix ans du CCMM, 22 juillet 2012-22 juillet 2022, quel bilan un avocat peut-il faire ?

Notre bilan sera basé sur deux constats.

L'avocat congolais est au large du CCMM, autrement dit, il est dans sa pratique professionnelle très éloigné du CCMM d'une part et, d'autre part, il utilise très peu le CCMM. Sur ce dernier constat, nous pouvons dire qu'il tente de temps en temps de se jeter dans la mer ou dans les eaux territoriales congolaises, pour tenter de se familiariser avec le code.

Les propos exprimés sur ce double constat sont personnels et tirés de notre expérience en qualité d'avocat.

I- L'AVOCAT CONGOLAIS DEMEURE ELOIGNE DU CODE COMMUNAUTAIRE DE LA MARINE MARCHANDE

De manière générale, l'avocat congolais semble ignorer le CCMM. Cela peut s'expliquer par rapport à sa formation.

En effet, le cours de droit des transports certes étant présent en troisième année de licence à la Faculté de droit mais le celui de droit maritime (licence et master I) est très peu dispensé dans nos facultés, encore moins lors de sa formation de l'Avocat à l'ENAM.

Pourtant, à une époque relativement récente, le Ministre COUSSOUD MAVOUNGOU avait mis en place une commission pour que le droit maritime soit enseigné à l'ENAM, hélas, rien de tel ne s'était fait.

En conseil et comme en contentieux, la réceptivité du CCMM se fait de manière nonchalante. Combien d'avocats sont dans cette salle à l'occasion de ce colloque ?

Allons-nous considérer le droit maritime comme une matière aussi difficile et complexe qui pousserait l'avocat a ignoré le CCMM ?

Alors que nul n'est censé ignorer la loi !

L'avocat congolais a fait de l'activité judiciaire l'alpha et l'oméga de son travail au quotidien avec le droit de propriété comme matière de prédilection !

Alors que de manière récurrente, la question du périmètre du droit est posé lors des assemblées générales d'avocats ou de l'élection du bâtonnier.

Qu'il me soit permis de saluer ici la participation inlassable des bâtonniers Jean PETRO et Claude COELHO aux travaux de l'association congolaise de droit maritime.

Malheureusement, l'avocat reste au large de la mer lorsqu'il est question d'aborder les dossiers liés au contenu du droit communautaire de la marine marchande.

Que faire pour l'avenir ? L'association congolaise de droit maritime doit accentuer son travail de vulgarisation auprès des avocats afin que ceux-ci épousent le CCMM, comme ils le font du code OHADA ou du Code des audiences.

Nous ne pouvons-nous empêcher d'exprimer des regrets a cet égard. Au-delà des notions classiques prévues dans le CCMM, les livres VII sur les régimes disciplinaire et pénal de la marine marchande devait faire de l'avocat un acteur-clé dans l'application du droit communautaire de la MM.

En effet, les règles relatives à la prescription, à l'autorité de la chose jugée et décidée, les fautes, la procédure de poursuite, les sanctions et les recours placent ipso facto l'avocat dans son rôle de conseil et de défenseur.

Il va sans dire du contentieux en matière d'infractions maritimes qui donne, à nouveau, une large place à l'avocat.

Pour finir sur ce point, même si l'on déplore l'absence de la mise en place du tribunal commercial maritime dans les Etats membres, les dispositions sur les juridictions maritimes et l'arbitrage devait pousser l'avocat congolais à naviguer dans les eaux troubles de la marine marchande communautaire.

II- L'AVOCAT ABORDE TIMIDEMENT LE CCMM SOUS L'ANGLE DU CONTENTIEUX

Malgré une sorte de désamour de l'avocat dans le maniement du CCMM, à certains égards, on note une appropriation en filigrane de cet instrument juridique.

Il est vrai que le contentieux maritime où le juge traite des aspects du CCMM est rare mais il n'est pas inexistant.

Somme toute, en matière maritime, le contentieux qui revient est celui de la saisie de navire auquel nous avions consacré deux articles avec le bâtonnier Claude COELHO, l'un portant sur la saisie conservatoire de navire et l'autre sur la saisie vente et l'hypothèque maritime.

De l'avis de certains confrères, hormis la question de la saisie de navire, des dossiers relatifs au pilote maritime et à la consignation du navire sont pendants devant les tribunaux.

Eric DIBAS-FRANCK (Sous la Direction), Le Code communautaire CEMAC de la Marine Marchande de 2012, L'Harmattan, 2018, page 157 et page 197.

Nous pouvons dire, sans nous tromper, que de 2017 à 2022, nous n'avions pas pu noter une réceptivité ou une application accrue du CCMM au Congo.

L'une des principales raisons est communément connue : le Covid 19.

Qu'il soit permis de revenir sur notre intervention lors du Colloque International du 20 juillet 2017 sur les cinq ans d'existence et d'application du code de la marine marchande de 2012 afin d'illustrer mon propos.

De manière générale, l'avocat manipule le CCMM à l'occasion de la saisie du navire.

Sur ce point, en droit comparé, Lire Maître Gaston NGAMKAN, la réceptivité du code CMM de 2012 par les juridictions des pays de l'Afrique centrale : le cas du Cameroun, Eric DIBAS-FRANCK, le Code Communautaire de la marine marchande, L'Harmattan, 2018, pages 61 et suivants.

Les développements sur la saisie conservatoire du navire sont ceux retenus dans ma présentation lors du Colloque du 27 juillet 2022 ;

CONCLUSION

En définitive, l'intervention de l'avocat dans le secteur maritime demeure résiduelle compte tenu de la rareté de ses interventions devant le prétoire.

Si cette intervention est mineure dans le secteur judicaire (contentieux), il en est de même dans le secteur juridique (conseil).

Nous terminons notre propos par une exhortation qui consiste à voir, dans l'avenir, le personnel judicaire notamment l'avocat s'impliquer davantage dans le secteur maritime afin de faire du CCMM un instrument juridique « d'intégration régionale » pour reprendre l'expression de Monsieur COUSSOUD- MAVOUNGOU.

LE POINT DE VUE DE L'AVOCAT

par Maître Claude COELHO
Bâtonnier de l'Ordre National des Avocats du Congo
Avocat à la Cour

Préambule

Mesdames, Mesdemoiselles, Messieurs,

Je vous remercie du temps de parole que vous m'accordez pour vous exposer le point de vue de l'Avocat que je suis, concernant les **dix ans du Code de la marine Marchande révisé le 22 juillet 2012.**

Celui-ci s'articulera autour de deux points essentiels, à savoir : **la saisie des navires d'une part et la notion de marin d'autre part, notamment l'interprétation faite par les juridictions sociales.**

Point 1 : LA SAISIE DES NAVIRES

La saisie conservatoire des navires est une procédure fréquente et importante qui garantit le paiement d'une créance maritime dont l'existence n'est que probable. Elle vise à immobiliser un navire appartenant à l'armateur qui, de ce fait, perd l'usage de son outil principal de production, ce qui traduit ainsi en droit maritime, la notion plus générale de d'indisponibilité visée à l'article 56 de l'Acte uniforme portant organisation des procédures simplifiées de recouvrement et des voies d'exécution, textes applicables à toutes les saisies conservatoires.

Au Congo, la saisie conservatoire des navires est prévue par le Code de la marine marchande CEMAC du 22 juillet 2012 et par la Convention internationale de Bruxelles du 10 mai 1952 portant unification de certaines règles sur les saisies conservatoires des navires de mer.

Cependant, elle empreinte dans son exécution, la procédure de saisie de droit commun régie par l'Acte uniforme OHADA portant organisation des procédures simplifiées de recouvrement et des voies d'exécution du 10 avril 1998.

La condition première est celle de la créance maritime exigée avant de procéder à une saisie.

Or, le créancier doit démontrer le caractère certain, liquide et exigible de sa créance, alors que dans la saisie de droit commun, la créance doit paraître fondée en son principe.

Des suites, selon le droit commun, aucune saisie ne peut être autorisée judiciairement, s'il n'est pas servi au débiteur un commandement de payer resté sans effet, après huit jours. Ce n'est qu'à l'expiration de ce délai et s'il est resté infructueux, que le créancier demande au juge des requêtes une ordonnance portant saisie de procéder au recouvrement forcé alors que, la saisie d'un navire requiert un avis préalable de la marine marchande avant la saisine de la juridiction compétente qui autorisera par ordonnance la saisie conservatoire.

a. Difficulté de l'avis préalable de la Marine Marchande

Comme indiqué supra, la saisie conservatoire des navires ne peut être pratiquée sans une autorisation préalable de l'autorité judiciaire compétente. Cette règle, d'ordre public, est reprise tant par le Code Communautaire de la CEMAC qui précise que **« la saisie conservatoire est autorisée par ordonnance rendue sur requête par l'autorité judiciaire compétente après avis de l'autorité maritime compétente »** (art. 150 al. 1er), que par l'article 4 de la Convention de Bruxelles de 1952 qui dispose en des termes presque identiques qu'**« un navire ne peut être saisie qu'avec l'autorisation d'un tribunal ou de toute autre autorité judiciaire compétente de l'État contractant dans lequel la saisie est pratiquée »**.

Bien que les juridictions maritimes soient prévues par la loi portant organisation de la justice au Congo, celles-ci ne sont pas encore fonctionnelles et la saisine du Tribunal pour connaître des affaires relatives aux saisies des navires est par référence le Tribunal de Commerce.

En effet, généralement on se réfère à la qualité des cocontractants pour déterminer le Juge compétent, lequel au vu de l'avis préalable de la Marine Marchande qui constate le **caractère maritime de la créance et consacre le caractère certain, liquide et exigible de la créance, ainsi que le péril dans le recouvrement de la créance**, autorise la saisie conservatoire du navire.

En raison des contingences économiques, le séjour des navires à quai est généralement bref et la saisie des navires repose sur l'efficacité et postule la rapidité.

Cependant, la difficulté réside dans le fait que **le Code de la Marine Marchande n'a pas fixé de délai à l'autorité maritime pour émettre son avis.**

Au regard de ce qui précède, il appert qu'une loi spéciale devra être mise en place par les autorités de la CEMAC, afin d'encadrer la procédure de saisie des navires qui, à ce jour demeure complexe en raison des difficultés rencontrées pour obtenir l'avis préalable de l'autorité maritime.

b. Les conditions de saisie non déterminées par l'Acte uniforme portant organisation des procédures simplifiées de recouvrement et des voies d'exécution

Le Code de la marine marchande CEMAC ne donne pas la définition de la saisie conservatoire.

S'il est constant que la saisie consiste à immobilier le navire sur la base de l'autorisation du Juge compétent, il est non moins constant que la loi n'indique pas l'exécution de la saisie en vertu d'un titre. C'est l'un des manquements majeurs du Code communautaire de la marine marchande.

Comme indiqué supra, à défaut d'une loi particulière, les saisies des navires font l'objet d'une adaptation de la procédure de saisie conservatoire énoncée au Titre 2 de l'Acte uniforme portant organisation des procédures simplifiées de recouvrement et des voies d'exécution, en ce qui concerne l'indisponibilité, conformément à l'article 56.

Point 2 : SUR LA NOTION DE MARIN ET L'INTERPRETATION PAR LES JURIDICTIONS COMPETENTES

A- NOTION DE MARIN

Ce colloque sur les dix années du Code Communautaire de la Marine Marchande est l'occasion d'évoquer l'épineuse question de la qualification juridique des travailleurs maritimes communément appelés « gens de mer et de marins ».

Cette qualification n'est pas anodine puisqu'elle emporte application de régimes juridiques différents :

- d'une part et surtout en matière de droit social pour les individus, suivant les normes déterminées par la Convention MLC 2006, ratifiée par le Congo et intégrée dans Code Communautaire de la marine marchande (ci-après le "Code") ;

- mais également au niveau des obligations pesant sur les entreprises travaillant en mer, qui sont visées par la réglementation congolaise, laquelle se doit de tenir compte des définitions de ladite Convention MLC.

Il est donc important de déterminer les critères de distinction entre les marins, les gens de mer, et les autres personnes éventuellement concernées par le droit maritime.

I- LES DEFINITIONS

1- La Convention du Travail Maritime de 2006 (MLC), définit

1-1- les **"gens de mer ou marins"** comme les personnes employées ou engagées ou travaillant à quelque titre que ce soit à bord d'un navire auquel la présente convention s'applique.

Il ressort de cette définition que les termes gens de mer et marins sont assimilés, et que l'élément déterminant consiste à occuper une fonction dans un navire.

Commentaires :

En considérant la définition traditionnelle du marin, à savoir : occupant un emploi lié à la conduite ou l'exploitation technique d'un navire, cette définition aboutit à créer une distinction entre les gens de mer qualifiés de marins, et les gens de mer non marins, donc occupant un emploi non lié au fonctionnement du navire.

Ainsi, finalement, on pourrait faire cette distinction, mais - à notre avis - à condition que cet emploi ou engagement présente un caractère de permanence (autrement dit seraient exclus de la définition les professionnels intermittents ou temporaires, tels que le personnel de manutention, les passagers au titre d'un contrat de transport).

2- Le Code Communautaire de la Marine Marchande de 2012 reprend cette assimilation entre marin et gens de mer, en ajoutant malheureusement une notion nouvelle d'exercice de l'activité en mer.

2-1- Champ d'application "théorique" du Code

L'article 2-41 du Code donne une définition très large des gens de mer « on entend par "Gens de Mer" : tout professionnel de la navigation maritime et **toute autre personne dont l'activité professionnelle s'exerce en mer** ».

Si l'on s'en tient au caractère littéral de la définition du Code, toute activité entreprise en mer serait le fait d'une personne qualifiée "Gens de Mer", et donc, le personnel travaillant pour le compte des sociétés pétrolières, de leurs sous-traitants et prestataires divers (catering notamment) opérant off-shore se verrait ainsi attribuer la qualification de "Gens de Mer", et serait de ce fait soumis aux dispositions du Code.

Il s'agit toutefois d'une définition que nous pouvons qualifier de "théorique", car l'examen détaillé du Code permet de rétablir la cohérence avec la définition de la Convention et dire que tous les marins sont des gens de mer mais tous les gens de mer ne sont pas des marins.

2-2- Champ d'application opérationnel du Code

De nombreuses dispositions du Code permettent de restituer la volonté du rédacteur du Code, qui aboutit à une définition qui rejoint finalement celle de la Convention.

Ce que nous allons examiner par les éléments suivants :

- L'article 372-2 dispose que : au sens du présent livre (Livre V, dénommé "GENS DE MER"), le terme "marin" couvre toutes personnes rentrant dans la définition de "gens de mer"; **autrement dit, tous les gens de mer sont des marins.**

- C'est donc bien au niveau du texte du Code que l'assimilation existe, et elle est entretenue dans tout le Code (en effet, il y a souvent confusion totale entre ces notions qui sont très fréquemment mélangées dans les articles relatifs aux gens de mer (d'une ligne à l'autre, les termes sont inversés).

Si la divergence entre les définitions respectives de la Convention et du Code provient de la substitution de l'expression "dans un navire" par l'expression "en mer", l'examen des articles 1 déterminant le champ d'application 411, 409, 414 du Code permet de constater que les gens de mer peuvent être soit marins, soit non marins si leurs activités sont liées à un navire tel que défini à l'article 2-47 et s'ils ont suivi avec succès une formation professionnelle appropriée (article 409 CCMM) :

- Certes, on trouve également la référence aux plates-formes flottantes. Quid des plates-formes fixes l'article 414 CCMM parle d'effectif minimum de gens de mer marins dans des spécialités précises. Donc cela revient à dire que les gens de mer non marins sont les plus nombreux mais sans qu'il soit fait mention des gens de mer qui y seraient employés : On parle plutôt à l'article 414 CCMM d'équipage de marins qualifiés en fonction des aspects nautiques de leurs activités, ce qui devrait se comprendre comme le fait qu'une plateforme flottante ne peut employer que des gens de mer marins.

- Enfin, il est précisé que le Code est applicable aux plateformes fixes, à condition que cela soit expressément prévu par le Code. Il s'agit essentiellement des règles de sécurité et d'environnement.

Commentaires :

Le CCMM devrait en s'appuyant sur le MLC 2006 clarifier ces définitions

A titre de comparaison, le droit français, en s'appuyant sur la Convention MLC 2006, a connu une évolution, et le code des transports comprend désormais 3 catégories de personnels "maritimes":

a. Les « **Marins** » : les gens de mer salariés ou non salariés exerçant une activité directement liée à l'exploitation du navire ; il s'agit (classiquement) des activités professionnelles relatives à la marche, à la conduite ou à l'entretien ainsi que celles qui sont nécessaires pour assurer l'ensemble des fonctionnalités du navire.

(A notre avis, il faut comprendre le terme "navire" dans son sens basique, sans tenir compte de la destination de son activité qui peut être distincte de la navigation).

b. Les « **Gens de mer** » non marins : toutes personnes salariées ou non salariées exerçant à bord d'un navire une activité professionnelle à quelque titre que ce soit, non compris dans la 3ème catégorie ;

c. Les personnels qui ne sont ni marins ni même gens de mer, et qui sont présents sur les navires, en fonction: du caractère occasionnel de leur activité à bord, et de la nature ou de la durée de leur embarquement.

Il s'agit notamment des personnels :

- travaillant exclusivement à bord d'un navire **à quai** ou **au mouillage** ;

- **qui sont ouvriers, techniciens ou ingénieurs à bord des navires affectés à des activités d'exploration ou d'exploitation pétrolières ;**

II- LE REGIME JURIDIQUE DE CES PERSONNELS (Article 373 du Code Communautaire de la Marine Marchande)

Il appert à la lecture de ces textes que tous les travailleurs amenés à exercer leur activité en mer ne doivent pas pouvoir bénéficier du régime juridique afférant au statut de marins ou de gens de mer.

De nombreux travailleurs en mer sonneront à raison aux portes du régime juridique des gens de mers. Les interprétations, qui ne manqueront pas de marquer le chemin des qualifications, devraient s'asseoir sur une logique fonctionnelle par le truchement des droits fondamentaux, ou environnementaux.

Certaines spécificités du régime juridique des gens de mer doivent pouvoir s'appliquer. Bien sûr cela interroge sur les liens, contractuels, effectifs, de ces travailleurs avec l'exploitation du navire, le navire etc.

III- L'EMPLOYABILITE DE CES PERSONNELS

Conformément à la Convention internationale MLC 2006 que le Congo a ratifié le 7 avril 2014 parmi lesquelles figure le placement des gens de mer et les articles 385, 399 et 401 du Code Communautaire de la Marine Marchande.

Le service de recrutement et de placement des gens de mer désigne toute personne, société institution, agence ou autre organisation du secteur public ou du secteur privé s'occupant du recrutement des gens de mer pour le compte d'armateurs ou de leur placement auprès d'armateurs.

Cette convention définit les termes *gens de mer ou marin* comme les personnes employées ou engagées ou travaillant à quelque titre que ce soit à bord d'un navire…

Or, le Congo suivant un arrêté 6970 et en se fondant sur l'article 401 du Code Communautaire de la Marine Marchande **détermine les conditions pour l'agrément des sociétés de recrutement ou de placement du personnel et gens de mer.**

Distinction entre l'emploi direct du marin et le placement des marins

De la lecture des dispositions nouvelles du code de la marine marchande, il en ressort clairement que l'agrément ne vise par principe que le placement des marins.

En revanche, les règles relatives à l'embauche directe des marins figurent aux articles 385 et suivants du code de la marine marchande, **et il n'est pas exigé d'agrément pour embaucher un marin (ce qui paraît logique).**

Distinction entre l'emploi des marins et des techniciens travaillant sur des installations en mer

Nous relevons que la convention internationale MLC 2006, constitue le fondement du nouveau droit du placement des marins, **comme les personnes employées ou engagées ou travaillant à quelque titre que ce soit à bord d'un navire…**

On note également que le Code Communautaire de la Marine Marchande ne vise que le placement des marins, qui sont clairement définis à l'article 383. 1 dudit code. Ne sont donc pas visés les techniciens du pétrole.

- Le **"placement des marins"** comme le recrutement de gens de mer pour le compte d'armateurs ou de leur placement auprès d'armateurs ;

Commentaires :

- On comparera cette définition avec celle de l'arrêté 6970 du 3 mai 2011, qui vise les "prestataires de services des gens de mer", la personne qui assure pour le compte d'un armateur ou d'un affréteur ou d'un tiers, la gestion des personnels embarqués liés aux métiers des gens de mer à bord des navires, engins flottant ou unités mobiles de forage… ;

- Traditionnellement, la notion de recrutement et de placement de gens de mer recouvre deux types d'activité ;

- d'une part le simple placement du personnel, activité de courtage dans laquelle le courtier ne participe pas à la relation ultérieure entre le marin et son nouvel employeur;

- d'autre part la mise à disposition de gens de mer. Dans ce dernier cas, l'entreprise qui met à disposition le gens de mer reste son employeur. Il s'agit des entreprises de travail temporaire au sens du code du travail.

- En l'occurrence, on se trouve dans le second cas de figure, car l'arrêté prévoit qu'il s'agit de la gestion du personnel, ce qui suppose que le "gestionnaire" en conserve le contrôle, ce qui se traduit en droit du travail par le maintien de la qualité d'employeur.

On relève que la CTM est applicable au Congo indépendamment du Code de la Marine Marchande ; s'agissant d'un accord international, sa valeur prévaut sur les textes nationaux par application de la Constitution de la République du Congo.

B- L'INTERPRÉTATION PAR LES JURIDICTIONS SOCIALES

Conformément à la convention internationale MLC 2006 que le Congo a ratifiée le 7 mai 2014 figure le placement des gens de mer.

De même, l'article 401 du Code Communautaire de la Marine Marchande qui a intégré la MLC 2006 détermine les conditions d'agrément des sociétés de recrutement ou de placement du personnel travaillant en mer et gens de mer.

Il a donc été distingué l'emploi direct du marin et le placement des marins qui peut se faire soit par intermédiation ou courtage soit par une mise à disposition du personnel.

S'est donc posé le problème dans le cadre de mise à disposition du personnel du co-employeur.

J'ai rappelé que dans une affaire : K .... C/M .... M et S ...., le Tribunal du Travail de Pointe-Noire, le 9 février 2005 avait déjà fait allusion à cette notion de co-employeur.

Cependant, il a débouté le travailleur faute par lui d'avoir rapporté la preuve de ce que la société utilisatrice s'était substituée dans le pouvoir de direction de la société de mise à disposition.

Ce jugement a été confirmé par arrêt social de la Cour d'Appel de Pointe-Noire du 12 décembre 2007 et la Cour Suprême par arrêt du 26 janvier 2017 a cassé cet arrêt et renvoyé les parties devant la Cour d'Appel de Pointe-Noire autrement composée.

1- Qu'est-ce qu'un Co-employeur ?

A la lecture du jugement du Tribunal du Travail, la condamnation solidaire de la société de mise à disposition M...M et de la société utilisatrice S...... devait reposer sur la preuve par le salarié que la société utilisatrice avait des prérogatives de choix et de direction du personnel. Celui-ci n'ayant pas rapporté cette preuve, la société S.......... Utilisatrice a été mise hors de cause.

La Cour d'Appel a confirmé cette décision mais la Cour Suprême a cassé et annulé cet arrêt et renvoyé l'affaire devant la Cour d'Appel de Pointe-Noire autrement composée.

La jurisprudence de la Cour de Cassation Française est peu ou prou similaire en ce que dans un arrêt continental, elle a estimé « qu'il fallait rapporter la preuve entre la société de mise à disposition et la société utilisatrice d'une confusion d'intérêt d'activité et de direction se manifestant pour la société utilisatrice par une immixtion dans la gestion économique et sociale de la société de mise à disposition ».

Pour elle « il y a donc co-emploi lorsque le salarié fait reconnaitre l'existence d'un tel lien avec la société utilisatrice ou une autre société qui n'est pourtant pas partie à son contrat de travail ».

En effet, le salarié est en principe lié à un seul employeur dans le cadre d'un contrat de travail.

En cas de mise à disposition du salarié, ce contrat de travail perdure. C'est l'entreprise d'origine qui conserve le statut d'employeur et les prérogatives afférentes à ce lien.

C'est d'ailleurs à ce titre qu'à l'issue de la mise à disposition, le salarié dispose d'un droit à réintégration dans son entreprise d'origine.

Dans la pratique, la mise à disposition conduit cependant à ce qu'un spécifique se crée entre le salarié mis à disposition et l'entreprise utilisatrice, cette dernière se voyant transférer un pouvoir de direction sur le salarié.

Il peut arriver que l'entreprise utilisatrice aille au-delà de ce pouvoir de direction et se comporte avec le salarié comme s'il était l'un de ses salariés en par exemple faisant usage de son pouvoir disciplinaire ou encore en fixant les dates de congés de ce salarié.

Le salarié peut alors faire reconnaître l'existence d'un véritable lien de subordination avec l'entreprise utilisatrice.

2- Quelles sont les conséquences juridiques pour le co-employeur ainsi reconnu ?

Cette situation conduit donc si elle est rapportée à la reconnaissance de l'entreprise de deux contrats de travail, l'un avec l'entreprise prêteuse, l'autre avec l'entreprise utilisatrice.

L'immixtion dans la gestion par le co-employeur a pour conséquence que celui-ci doit supporter les obligations en découlant.

En effet, le co-emploi permet de rechercher la responsabilité solidaire de la société utilisatrice et de la société de mise à disposition.

Par cette immixtion dans la gestion du personnel de l'autre, la société déclarée co-employeur va assumer toutes les obligations financières de l'employeur vis-à-vis du salarié.

Tout se passe rétroactivement.

On le voit, les effets du co-emploi sont redoutables.

C'est pourquoi, la reconnaissance d'une telle situation reste exceptionnelle.

Les conséquences induites par le co-emploi ne peuvent qu'être tempérées par une appréciation stricte de la conduite de co-employeur et les juges doivent s'attacher à la recherche du véritable employeur et non simplement d'un payeur.

Tel est notre point de vue en ce qui concerne les dix années du Code de la marine marchande CEMAC et les quarante années de la convention des Nations Unies sur le droit de la mer.

Je vous remercie.

LE SILENCE DE L'AUTORITE MARITIME COMPETENTE ET LE RECOURS AUX PRINCIPES GENERAUX DU DROIT

par Edmond Anicet SAMBA
Magistrat, Conseiller à la Cour d'Appel de Pointe-Noire
Membre de l'ACODM

L'espace CEMAC est la seule région en Afrique et probablement au monde qui offre l'extraordinaire particularité d'avoir à la fois un Code communautaire de l'aviation civile, un Code de la navigation intérieure, un Code de la route, une Convention inter-Etats sur le transport multimodal des marchandises et surtout, un Code communautaire de la marine marchande souvent salué pour sa grande modernité[1]. C'est ici l'occasion de saluer le dévouement et la détermination du Ministre Parfait Aimé COUSSOUD-MAVOUNGOU dans son rôle de coordinateur des travaux du projet de réforme ayant présidé à l'adoption du Code communautaire CEMAC de la marine marchande de 2012. La mise en œuvre et l'application du « droit maritime dans la zone de la Communauté Economique et Monétaire de l'Afrique Centrale ont toutefois conduit le regretté ministre à constater que « L'enseignement de cette matière prend de l'ampleur dans les instances de formation supérieure spécialement au Congo tant les vocables marine marchande, maritime, maritimisation, font désormais, partie intégrante du langage politique et économique nationale »[2].

---

[1] Le code communautaire de la marine marchande de 2012, sous la direction d'Éric DIBAS-FRANCK, Préface de Martine NDENDE, L'Harmattan, Paris, 2018, p.7.
[2]Martin Parfait Aimé COUSSOUD-MAVOUNGOU, cité par Éric DIBAS-FRANCK, Le droit maritime dans la zone CEMAC, L'Harmattan, Paris 2018, p.8.

De ce constat résulte l'idée selon laquelle, de l'investissement des magistrats et autres praticiens du droit dans une formation continue, spécifiquement en matière de droit maritime, dépend une bonne et saine application du code CEMAC de la marine marchande 2012, lequel, comme toute œuvre humaine est loin d'être une œuvre parfaite[3]. En fait, c'est cette évidence justificative de l'intérêt unanimement reconnu par la doctrine, de « Mesurer » et d'« évaluer[4] » la vitalité de nos codifications, ainsi que les impératifs de la pratique judiciaire qui nous ont conduit à la question de savoir, quelle solution le juge saisi d'un litige relatif à l'exécution d'un contrat d'engagement maritime doit-il adopter, en cas de silence de l'autorité maritime compétente saisie en conciliation des parties, dans la mesure où le Code communautaire CEMAC de la marine marchande de 2001et celui de 2012 n'ont point prévu ce cas d'espèce ?

Statuant en matière sociale, la Cour d'Appel de Pointe-Noire a eu l'occasion de rejeter la fin de non-recevoir soulevée sur le fondement du vide juridique relatif au silence de l'autorité maritime compétente (II), alors même que la chambre pénale de Cour Suprême de la République Populaire du Congo avait, dans un arrêt du 25 juillet 1980, arrêt LOUPELO, déjà consacré une solution dont la portée générale et historique demeure d'actualité (I).

I- SUR LA PORTEE GENERALE ET HISTORIQUE DE LA JURISPEUDENCE DE LA COUR SUPREME DE LA REPUBLIQUE POPULAIRE DU CONGO[5]

Il est essentiel de rappeler que la notion de "Vide juridique" se décline en une absence de normes applicables à une situation donnée. Dans certains contextes, cette notion est proche de celle

[3] Gaston NGAMKAN, "La réceptivité du code communautaire de la marine marchande de 2012 par les juridictions des pays de l'Afrique Centrale : Cas du Cameroun", in Le code communautaire de la marine marchande de 2012, op.cit. p.95.

[4] Le code communautaire de la marine marchande de 2012, op.cit.

[5] Cour Suprême, Chambre Pénale, 25 juillet 1980, Aff. LOUPELO Thomas alias Thoms et autres c/MP, in Revue Congolaise de Droit, N°11 – 12 – 13 – 14, janvier 1992- Décembre 1993, UMNG -Brazzaville, p.p.167-175, Note, Fidèle MOUNGUENGUE.

de zone de non-droit[6]. Et selon Gérard CORNU, le vide juridique s'entend de la lacune non intentionnelle dont le comblement incombe au juge, à terme au législateur lorsque l'analogie ne suffit pas à suppléer la loi, la doctrine ayant mission de montrer, en raison et imagination, que le vide est souvent plus apparent que réel[7]. Confrontée à une situation analogue et statuant sur le pourvoi formé par le sieur LOUPELO Thomas alias "Thoms" contre l'arrêt contradictoire à son égard de la Cour Criminelle de la République Populaire du Congo en date du 15 avril 1980, lequel, pour assassinat et tentative de vol qualifié, l'a condamné à la peine de mort, la haute juridiction congolaise a motivé ainsi qu'il suit sur le silence de la loi en cas de cumul de peines :

« Attendu que le législateur congolais ne s'est pas encore prononcé sur le règle du non cumul des peines ; que devant ce silence et en raison du caractère éminemment favorables de la règle pour les condamnés, la Cour de céans estime, conformément à la pratique suivie en cas de vide juridique manifeste que **le droit français doit servir de base en tant que raison écrite** ».

Et la doctrine a, dans son commentaire sur cette jurisprudence, fait valoir que l'arrêt rapporté, qui n'est pas bien connu des juristes congolais, présente un grand intérêt, non par rapport à la solution qu'il donne aux multiples problèmes de droit soulevés par l'espèce, mais par rapport à la pratique suivie en cas de vide juridique manifeste qu'il consacre[8]. Ainsi, cet arrêt répond précisément à la question de savoir, « Que va faire la juge congolais lorsque la loi nationale est muette ? ».

En tout état de cause, le droit français auquel ladite jurisprudence renvoie le juge congolais, lui fait obligation de rendre une décision de justice dans chaque litige soumis à sa décision. En effet, aux termes de l'article 4 du code civil : « Le Juge qui refuse de juger, sous prétexte du silence, de l'obscurité ou de l'insuffisance de la loi,

---

[6] Fr. wikipedia.org, consulté le 12/08/2022 à 21 heures.

[7] Gérard CORNU, Vocabulaire juridique, PUF, Paris, 2012, p.p.1063-1064.

[8] Cour Suprême, Chambre Pénale, 25 juillet 1980, Aff. LOUPELO Thomas alias Thoms et autres c/MP, ibid.

pourra être poursuivi comme coupable de déni de justice ». Et selon la même doctrine, pour éviter les inconvénients d'un système fondé sur l'équité judiciaire, la Cour Suprême a décidé que le Juge congolais fournira une solution rationnelle. Il ne se déterminera pas au hasard, mais en se fondant sur une raison solide qui est le droit français.

Cette solution de la chambre criminelle de Cour Suprême a connu une portée historique, dans la mesure où son application en tant source de droit a marqué un grand tournant dans la pratique judiciaire en République du Congo. Elle a, en effet, enrichi non seulement la législation congolaise par intégration constante de la loi française dans la hiérarchie des normes congolaises, mais aussi par le recours constant à l'abondant héritage jurisprudentiel de l'ancienne puissance colonisatrice. Quant à sa portée générale, de par son origine du droit répressif, cette solution jurisprudentielle, selon laquelle « le droit français doit servir de base en tant que raison écrite », est depuis lors appliquée devant toutes les juridictions nationales.

Mais considérant le fait que l'autorité administrative française, le Premier Ministre, auteur du Décret n°59-1337 du 20 novembre 1959, modifiant le Titre VII du Code du Travail Maritime et Relatif aux litiges entre Armateurs et Marins, abrogé par Décret n°2015 – 219 du 27 février 2015, n'ait pas prévu le cas du silence de l'Administrateur des affaires maritimes saisi en pareilles circonstances, alors même que le juge congolais confronté à une telle préoccupation aurait pu trouver dans le droit français la base de sa décision, en tant que raison écrite, telle que prescrite par la jurisprudence LOUPELO.

Que cependant, l'article 4 du code civil n'en demeure pas moins une épée de Damoclès sur ce magistrat du siège.

II- SUR LA PORTEE DE L'ARRET DE LA COUR D'APPEL DE POINTE-NOIRE QUANT AU SILENCE DE L'AUTORITE COMPETENTE SAISIE D'UN LITIGE RELATIF A UN CONTRAT D'ENGAGEMENT MARITIME[9]

Afin d'examiner la portée de cet arrêt, il convient d'en présenter d'abord les faits et la procédure (A), les prétentions et moyens des parties, ensuite (B), et enfin, la motivation de la cour(C).

A- Sur les faits de la cause et la procédure

Il résulte des faits de la cause que les consorts Marins X ont, courant année 1990, souscrit individuellement un contrat d'engagement maritime avec l'Armateur-employeur Y. Ils ont en cette qualité été soumis pendant plusieurs années à un régime horaire de 24/48, soit vingt-quatre 24 heures de travail à plein temps pour quarante-huit (48) heures de repos. Mais suite à une insuffisance en ressources humaines, celle-ci accentuée par une croissance d'activités portuaires à partir de l'année 2000, l'Armateur-employeur Y a, par note de service, instauré un nouveau régime 7/7, soit sept (7) jours de travail à plein temps pour sept (7) jours de repos. Après dix (10) ans d'application de ce nouveau régime, les Consorts Marins X ont déploré l'inadéquation entre leurs droits et leurs conditions de travail. D'où, leur requête en conciliation devant l'autorité maritime compétente, dont le silence, après huit (08) mois, a abouti à la saisine du Tribunal de Travail de Pointe-Noire, aux fins de s'entendre :

- Prononcer la réduction du volume horaire de travail de chaque marin ;

- Condamner l'Armateur-employeur Y à payer à chacun d'eux la somme de 30.000.000 FCFA à titre de dommages et intérêts pour préjudice subi ;

Vidant sa saisine dans cette cause, ledit Tribunal a rendu le jugement dont appel.

---

[9] Cour d'Appel de Pointe-Noire, Aff. Consorts MAKAYA Daniel c/ Le Port Autonome de Pointe-Noire, Rôle n°173, Année 2017, Répertoire n°037 du 02 juin 2021, inédit.

B- Sur les prétentions et moyens des parties

En cause d'appel, l'Armateur – employeur Y a, au principal, soulevé une fin de non-recevoir tirée de l'inobservation de l'article 398 du Code Communautaire de la Marine Marchande 2012, et subsidiairement trois moyens de droit tendant à l'infirmation du jugement entrepris. S'agissant de la fin de non-recevoir susdite, l'appelant fait grief audit jugement de n'avoir pas pris en compte les prescrits de l'article 398 susvisé selon lequel :

- « Les litiges nés du contrat d'engagement maritime entre l'armateur ou son représentant et les officiers, maîtres ou marins, à l'exclusion du capitaine, sont portés devant le tribunal du travail, après tentative de conciliation devant l'autorité maritime compétente.

- En cas de conciliation, l'autorité maritime compétente dresse un procès-verbal des conclusions de l'accord qui constituent, sur les points auxquels il s'applique, un nouveau contrat régissant les rapports des parties.

- En cas d'échec de la conciliation, l'autorité maritime compétente dresse un procès-verbal de non-conciliation, dont il est remis au demandeur une copie contenant permis de citer devant le tribunal du travail du port d'immatriculation du navire, si ce port est situé dans un Etat membre, ou devant le tribunal du travail du lieu de conclusion du contrat d'engagement, le demandeur ayant le libre choix du tribunal compétent ».

Dans leurs conclusions en réponse les Consorts Marins X ont soutenu, sous la plume de leur conseil, le rejet de la fin de non-recevoir tirée de l'inobservation de l'article 398 du Code Communautaire de la Marine Marchande, ont relevé l'illégalité du régime dit « 7/7 » imposé par leur employeur et le préjudice qui en découle.

Pour les intimés, l'article 398 du code communautaire de la marine marchande laisse un vide juridique quant au délai relatif au silence gardé par l'autorité administrative saisie d'un recours gracieux ou hiérarchique. En l'espèce, leur requête préalable produite au dossier a été déposée devant l'autorité maritime constituée par la Direction Générale de la Marine Marchande. Et le silence gardé par ladite autorité administrative pendant huit (08) mois justifie suffisamment, selon eux, la recevabilité de leur action par le Tribunal du Travail de Pointe-Noire.

C- Sur la motivation de la Cour d'Appel

Statuant sur la fin de non-recevoir tirée de l'inobservation des prescrits du code communautaire de la marine marchande de 2012, la cour a motivé sa décision ainsi qu'il suit :

« Considérant que le Port Autonome de Pointe-Noire a soulevé une fin de non-recevoir tirée de l'inobservation de l'article 398 du Code Communautaire de la Marine Marchande cité supra et dont l'alinéa 3 prescrit spécifiquement, qu'en cas d'échec de la conciliation, « l'autorité maritime compétente dresse un procès-verbal de non-conciliation dont il est remis au demandeur une copie contenant permis de citer devant le Tribunal du Travail » ;

Mais considérant d'une part que la Direction Générale de la Marine Marchande, autorité maritime compétente et régulièrement saisie par les consorts MAKAYA Daniel au moyen d'une requête préalable en date du 15 mars 2013, n'a jamais donné suite à ladite saisine ;

Considérant d'autre part que le Code Communautaire de la Marine Marchande ne prévoit nullement le cas du silence gardée par l'autorité compétente saisie d'un litige né du contrat d'engagement maritime entre l'armateur ou son représentant et les marins;

Que ce vide juridique du Code Communautaire de la Marine Marchande sur le cas du silence gardée par l'autorité maritime compétente constitue une certitude ;

Qu'en effet, ledit code ne prescrit aucun délai à l'autorité maritime compétente saisie d'un litige relatif à l'exécution d'un contrat d'engagement maritime, afin d'établir un procès-verbal de conciliation ou de non conciliation, dont il est remis au demandeur une copie contenant "permis de citer" devant le tribunal du travail ;

Considérant qu'en cas de silence de la loi, le palliatif à celui-ci requiert l'application et l'interprétation des règles de portée générale, ainsi que la jurisprudence, de sorte que l'on ne peut valablement blâmer les marins qui, en la cause, ont fait valoir les règles du droit administratif pour vaincre le silence de l'autorité compétente saisie depuis plus de huit mois;

Qu'il sied toutefois de relever que le vide juridique relatif à l'absence de tout délai imparti à l'autorité maritime, autorité tenue de donner suite à la tentative de conciliation des parties, ne constitue pas un chèque en blanc délivré par le législateur communautaire à ladite autorité administrative ;

Qu'elle ne peut indéfiniment s'en prévoir sans céder à un abus d'autorité ;

Que l'absence de délai doit plutôt être interprétée en une obligation légale de donner suite dans les plus brefs délais ;

Que d'ailleurs, sans avoir recours aux règles du contentieux administratif, ladite autorité maritime, qui n'est autre que la Direction Générale de la Marine Marchande, n'est pas moins une autorité administrative à qui s'applique l'article 398 du code de procédure civile, commerciale, administrative et financière, selon lequel : Le silence gardé plus de 4 mois par l'autorité administrative vaut décision de rejet du recours gracieux ou hiérarchique ;

Qu'ainsi, c'est à bon droit que les premiers juges ont rejeté la fin de non-recevoir tirée de l'inobservation des prescrits de l'article 398 du code communautaire CEMAC de la marine marchande » ;

En définitive, le dispositif de la décision de la Cour d'Appel de Pointe-Noire est libellé de la manière suivante :

« PAR CES MOTIFS

Statuant publiquement, contradictoirement, en matière sociale et en dernier ressort ;

EN LA FORME

Constate que cet appel a déjà été reçu par arrêt avant-dire droit en date du 1er juillet 2020 ;

Rejette la fin de non-recevoir soulevée par l'Armateur-Employeur Y;

AU FOND

Confirme le jugement entrepris en toutes ses dispositions ;

Met les dépens à la charge du Trésor Public ».

En conclusion de notre analyse des solutions proposées par la Cour Suprême du Congo et la Cour d'Appel de Pointe-Noire, en cas de vide juridique manifeste, il convient de reprendre les mots de Martin NDENDE qui estime à juste titre que la vitalité de nos codifications mérite en permanence d'être mesurée et évaluée[10]. C'est d'ailleurs à ce titre que le législateur du code communautaire CEMAC de la marine marchande de 2012 est à nouveau interpellé[11].

---

[10] Le code communautaire de la marine marchande de 2012, sous la direction d'Éric DIBAS-FRANCK, op.cit p.7.

[11] Gaston NGAMKAN, op.cit p.95

LES CONDITIONS D'ACCES ET D'EXERCICE DES PROFESSIONS AUXILIAIRES DE TRANSPORTS MARITIME : LIBRES PROPOS SUR LE NOUVEAU REGLEMENT FIXANT LES CONDITIONS D'ACCES ET D'EXERCICE DES PROFESSIONS MARITIMES ET D'AUXILIAIRES DE TRANSPORT MARITIME DANS LA CEMAC

par Franck KINANGA
Directeur Juridique Pays
Bolloré Transport et Logistics Congo

Le Conseil des Ministres de la Communauté Economique et Monétaire de l'Afrique Centrale a adopté en date du 10 octobre 2020, le Règlement n°33/20-UEAC-CM-35 fixant les nouvelles conditions d'accès et d'exercice des professions maritimes et d'auxiliaires de transport maritime (ci-après le « **Règlement CEMAC** »). Ce Règlement qui abroge et succède à l'Acte n°03/98-UDEAC-648-CE-33 du 5 février 1998 portant règlementation des conditions d'exercice des professions maritimes et des auxiliaires des transports en UDEAC-CEMAC (ci-après l'« **Acte** ») a été adopté afin de favoriser la célérité dans le traitement des demandes d'obtention des agréments des professions maritimes et des auxiliaires des transports maritimes d'une part, et d'alléger le mécanisme d'octroi des agréments des professions maritimes et des auxiliaires des transports maritimes d'autre part.

Or, une analyse minutieuse du Règlement laisse entrevoir que celui-ci vient plutôt révolutionner le secteur des transports maritimes dans la CEMAC en ce qu'il renforce non seulement la notion de local content mais remet également en cause les droits acquis sous l'égide de l'Acte (I). Quelles sont les voies de recours (II) dont disposent les bénéficiaires de ces droits remis en cause par le législateur communautaire ?

I- RENFORCEMENT DU PRINCIPE DU LOCAL CONTENT : OBLIGATION DE PARTICIPATION DES NATIONAUX AU CAPITAL SOCIAL

A- De l'affirmation du principe de local content

Le Règlement CEMAC vient consacrer le principe du local content en ce qu'il rend obligatoire la prise de participation des nationaux dans toute société détenue par les non-ressortissants désireuse d'exercer l'une des professions maritimes ou auxiliaires de transport maritime.

En effet, l'article 6 du Règlement CEMAC dispose :

> « ***Les sociétés dont les capitaux sont détenus par les non-ressortissants de la Communauté peuvent également exercer les professions maritimes et auxiliaires de transport maritime citées à l'article 2 sous condition d'une prise de participation minimum de 10% au capital social par les nationaux*** ».

On observe que l'Acte en son article 6 et le Règlement CEMAC en son article 6 comportent des règles qui à première vue peuvent sembler similaires, ce qui aurait pour conséquence que l'article 6 du Règlement CEMAC ne pourrait être regardé comme une disposition nouvelle.

L'article 6 de l'Acte disposait en effet :

> « *Les personnes physiques ou morales étrangères peuvent être également admises à exercer dans l'Union les professions maritimes et auxiliaires de transport maritime citées à l'article 2, sous condition d'une prise de participation minimum de 10% du capital social par les nationaux* ».

Malgré la similitude apparente de leurs termes, ces deux dispositions n'édictent pas la même règle relative à l'exigence d'une participation minoritaire de la part de ressortissants nationaux de l'Etat d'agrément.

Dans le cadre de l'Acte, les *« personnes morales étrangères »* visées à l'article 6 s'opposaient aux *« personnes morales ressortissant de l'Union »* visées à l'article 5. N'étaient donc visées que les **sociétés** et non leur actionnariat. Il fallait en conséquence comprendre qu'une société immatriculée dans l'Union mais dont les actionnaires étaient étrangers relevait de l'article 5 et non de l'article 6 de l'Acte. La nationalité d'une société était ainsi déterminée en fonction de son lieu d'immatriculation (ce qui correspond à une position largement répandue dans les principaux systèmes de droit). Cette interprétation est corroborée par le fait que plusieurs des filiales de groupes internationaux immatriculées dans les Etats de la CEMAC mais ne remplissant pas la condition prescrite à l'article 6 (détention à hauteur d'au moins 10% du capital par des actionnaires nationaux) aient pu obtenir des agréments dans plusieurs Etats de la CEMAC.

La règle figurant à l'article 6 du Règlement CEMAC est quant à elle singulièrement plus précise : elle vise clairement la détention capitalistique des sociétés candidates à l'agrément et s'applique ainsi indistinctement à des sociétés immatriculées dans et en dehors du territoire de la CEMAC.

De ce fait, l'article 6 du Règlement doit être regardé comme instituant une norme nouvelle qui n'était pas contenue dans l'Acte.

B- De la portée juridique de ce principe

La portée juridique de la nouvelle norme édictée par le Règlement CEMAC peut être appréciée selon que la norme s'applique à une société agréée ou à une société non encore agréée.

1- La portée juridique de la nouvelle norme sur les sociétés non agréées

L'article 1er du Règlement CEMAC dispose :

> « Les dispositions du présent règlement s'appliquent à toutes personnes physique ou morale désireuse de s'installer sur le territoire de la CEMAC, pour y exercer des professions maritimes et/ou d'auxiliaires de transport maritime définie à l'article 2 ci-dessous ».

L'exégèse de ce texte permet d'affirmer, sans risque de se tromper que le Règlement CEMAC s'applique aux personnes physiques ou morales qui manifestent l'intention de s'installer en vue d'exercer une profession ; en d'autres termes, ne seraient concernées par ce Règlement que les personnes physiques et morales qui ne disposent pas encore d'agrément.

Vu sous cet angle, la nouvelle norme qui ne s'intéresserait qu'à l'avenir ne devrait perturber en rien la quiétude de quelques opérateurs. Or, tel n'est pas le cas puisqu'en réalité le Règlement s'intéresse également aux sociétés qui disposent déjà d'un agrément CEMAC.

2- La portée juridique de la nouvelle norme sur les sociétés agréées

Le Règlement CEMAC n'épargne pas les personnes physiques ou morales déjà agréées. L'article 29 le précise en ces termes :

> *« Les personnes physiques ou morales titulaires d'un agrément CEMAC disposent d'un délai de deux (2) ans, à compter de la date d'adoption du présent règlement pour se conformer aux nouvelles dispositions ».*

La lecture combinée des articles 1er et 29 du Règlement CEMAC a poussé UNICONGO à saisir par courrier en date du 30 novembre 2021, Monsieur le Président de la Commission de la CEMAC en ces termes :

> « *[…] l'article 29 du Règlement accorde un délai de deux ans à compter du 08 septembre 2020 aux personnes titulaires d'un agrément pour se conformer aux nouvelles dispositions.*
>
> *Cela porte à croire que le législateur CEMAC accorde au règlement n°03/20-UEAC-CM-35 une portée rétroactive.*
>
> *Or, partant du principe général de droit selon lequel un texte ne prend effet qu'à compter de sa date d'entrée en vigueur et vaut pour l'avenir,*

d'une part, tenant compte de l'absence, dans le corps du nouveau règlement, de dispositions prévoyant l'annulation de tous les agréments délivrés avant la date du 08 septembre 2020, d'autre part, nous sommes confrontés à la difficulté de cerner comment exécuter l'obligation de mise en conformité prévue à l'article 29.

Les agréments délivrés aux sociétés ayant parfaitement respecté les conditions à satisfaire à l'époque, demeurent valides.

Aussi, nous nous interrogeons, si les détenteurs d'agrément antérieur au 8 septembre 2020 doivent de nouveau solliciter des agréments ?

Si la réponse est affirmative, cela consacrerait malheureusement une insécurité juridique, et rendrait ces sociétés titulaires de plusieurs agréments, au titre des mêmes activités tout en posant les problématiques suivantes :

- *Le nouveau règlement, annule-t-il les agréments délivrés antérieurement à son entrée en vigueur ?*

- *Les opérations réalisées durant la période d'attente des nouveaux agréments, seront-elles considérées comme des infractions ?*

- *Si la validité fixée à 10 ans par l'article 29 devrait être retenue pour les anciens agréments, à compter de quand interviendrait le décompte de ces 10 ans ? ».*

En réponse au courrier d'UNICONGO, Président de la Commission de la CEMAC a, par courrier en date du 16 mars 2022, proposé une interprétation des effets de l'entrée en vigueur différée du Règlement CEMAC pour les détenteurs d'agréments en cours de validité délivrés sous l'empire de l'Acte.

Ce courrier sous-entend qu'au 8 septembre 2020, date d'expiration du délai transitoire prévu à l'article 29, les agréments en cours seraient rendus caducs de sorte que *« les détenteurs d'anciens agréments »* auraient « *l'obligation de se conformer à la nouvelle procédure d'acquisition des nouveaux agréments* ».

Cette interprétation peut s'entendre s'il s'agit de donner une portée utile à l'article 29 du Règlement CEMAC (lequel n'est assorti d'aucun mécanisme de sanction), pour autant, elle n'est conforme ni à la lettre du texte, qui ne prévoit aucune sortie de vigueur des agréments légalement délivrés sont l'empire du texte précédent ; ni à l'objectif affiché par les auteurs du règlement, qui n'était certainement pas de remettre en cause des situations légalement constituées, mais au contraire de faciliter et d'accélérer pour l'avenir les procédures de délivrance des agréments (*« Considérant la nécessité de favoriser la célérité dans le traitement des demandes d'obtention des agréments des professions maritimes et des auxiliaires des transports maritimes, Réaffirmant la nécessité d'alléger le mécanisme d'octroi des agréments des professions maritimes et des auxiliaires des transports maritimes »*).

Même si l'interprétation exposée dans le cadre du courrier précité du 16 mars 2022 est critiquable au regard de la lettre du règlement et de son esprit, il convient de la considérer comme représentative de l'état du droit en vigueur puisqu'elle émane de l'autorité qui sera chargée de la mise en œuvre uniforme du Règlement CEMAC.

On retiendra donc que, telle qu'interprété par une source autorisée, l'article 6 du Règlement CEMAC a pour effet, au 8 septembre 2022, de remettre en cause la situation des sociétés ayant bénéficié d'agréments antérieurement au 8 septembre 2020 et ne satisfaisant pas à ses conditions au 8 septembre 2022.

Il faudra indiquer pour mémoire, que le taux de 10% n'est qu'un minimum fixé par le législateur communautaire. Au Congo, l'autorité maritime avait fixé ce taux entre 25 et 40% (Arrêté n°1972/MTACMM-CAB du 10 novembre 2014).

Interrogé à l'effet de savoir quel sera le taux minimum de participation des nationaux dans le capital social qui sera applicable au Congo avec l'entrée en vigueur du Règlement CEMAC, la Direction Générale de la Marine Marchande a indiqué, à l'occasion de la vulgarisation de ce Règlement, que des textes seront pris par l'autorité maritime, pour se conformer au nouveau Règlement.

II- VOIES DE RECOURS

Préalablement à l'examen des voies de recours, il nous paraît opportun de relever quelques griefs pouvant faire l'objet dudit recours.

A- L'énonciation des griefs

1- Caractérisation d'une atteinte aux principes de sécurité juridique ou de confiance légitime tirée de la violation d'un droit acquis ou d'une situation légalement constituée

Une atteinte, par les articles 6 et 29 du Règlement CEMAC, à des situations légalement constituées au profit de sociétés étrangères peut être caractérisée de manière directe et indirecte.

De manière directe, il peut être argué que la caducité automatique des agréments existants au 8 septembre 2022 met en cause des droits acquis ou des situations légalement constituées dès lors que les agréments affectés avaient été légalement délivrés pour une période excédant la date du 8 septembre 2022. La caractérisation de l'atteinte est ici immédiate puisque les agréments ont été délivrés *intuitu personae* et n'avaient pas vocation à être rapportés en dehors des hypothèses de violation des conditions d'attribution de ceux-ci. Les sociétés titulaires d'un agrément peuvent ainsi légitimement se prévaloir d'un droit subjectif au maintien de leur agrément qui est de surcroit une condition d'exercice de leur activité.

De manière indirecte, les sociétés étrangères seraient fondées à alléguer une atteinte indirecte d'une plus grande ampleur. Les agréments sont en effet nécessaires à l'attribution de concessions accordées à ces sociétés. La remise en cause de ces agréments devrait donc avoir pour effet de rendre automatiquement résiliables les concessions en cours. De ce fait, l'entrée en vigueur de l'article 6 du Règlement CEMAC pour les titulaires d'agrément aurait pour effet indirect mais automatique de remettre en cause de relations contractuelles existantes. Or l'existence de telles relations constitue l'exemple même des situations légalement constituées auxquelles la norme nouvelle ne peut en principe porter atteinte sauf à violer les principes de sécurité juridique et/ou de confiance légitime[12].

III- POSITION DE LA COUR ET DES AUTORITES CEMAC SUR LA NORMATIVITE ET L'AUTORITE DES PRINCIPES DE NON-RETROACTIVITE DES ACTES COMMUNAUTAIRES, DE SECURITE JURIDIQUE ET DE CONFIANCE LEGITIME

Ces principes sont connus du droit de l'Union Européenne où ils ont fait l'objet d'une jurisprudence abondante.

Ils ont été transposés en deux temps dans le droit positif de la CEMAC avec une référence très claire aux concepts du droit européen, dans un premier temps avec une portée relative ; dans un second temps avec une portée plus absolue puisque aucune justification ne permet d'y déroger.

La Cour de Justice CEMAC s'est en premier lieu prononcée sur la question de la rétroactivité des règlements aux situations légalement constituées en 2012[13] lorsqu'elle a été saisie par le Directeur général de l'ISTA d'une demande d'avis sur les modalités d'application d'un règlement du 19 décembre 2011 portant régime général de rémunération des Premiers Responsables des Institutions Spécialisées et des Agences d'exécution émargeant au budget de la CEMAC[14]. Ce règlement était susceptible de porter atteinte à la prise en compte de l'ancienneté du directeur général et du directeur général adjoint (tous deux en fin de mandat) dans la détermination de leur salaire de base. Cette « demande d'avis » a été requalifiée par la Cour en un recours en interprétation et a été jugée recevable.

---

[12] En ce sens, on peut se référer au droit français et notamment à la décision suivante du Conseil d'Etat : CE, Assemblée, 24 mars 2006, *Société KPMG et autres*, req. N° 288460

[13] Cour de Justice CEMAC, 5 novembre 2012, affaire n°001/2012-13

[14] Règlement n°10/11/UEAC/107- CM-02 du 19 décembre 2011 portant régime général de rémunération des Premiers Responsables des Institutions Spécialisées et des Agences d'exécution émargeant au budget de la CEMAC

En réponse à sa saisine, la Cour apporte une réponse nuancée qui ménage le principe d'application immédiate des règlements au jour de leur entrée en vigueur et le respect des « droits acquis ».

La Cour indique tout d'abord que :

> « *L'article 21 alinéa 2* [de l'Additif au Traité] *pose le principe de l'effet immédiat des règlements et leur caractère obligatoire. En d'autres termes, dès son entrée en vigueur*, ***le nouveau règlement s'applique automatiquement aux effets actuels et futurs des situations juridiques créées sous la loi ancienne, sous réserve qu'il ne soit pas porté atteinte aux droits acquis ; ce qui va de soi même dans le silence des règlements communautaires****.*
>
> *L'ancienneté acquise par les Premiers Responsables des Institutions spécialisées et leurs Adjoints dans l'exercice de leurs fonctions constitue un droit définitivement acquis auquel le nouveau règlement ne saurait porter atteinte. Il s'ensuit que le calcul de leur rémunération doit prendre en compte cette ancienneté.* »

La Cour en conclut :

> « *Qu'en application de principe de l'effet immédiat de la réglementation nouvelle, le règlement n°10/11-UEAC-107-CM-22* ***régit dès la date de son entrée en vigueur*** *soit le 19 décembre 2011,* ***toutes les situations juridiques créées sous les règlements précédents*** *; que* ***l'ancienneté acquise*** *par les Premiers Responsables des Institutions spécialisées et leurs Adjoints dans l'exercice de leurs fonctions* ***constitue un droit définitivement acquis, lequel doit être pris en compte dans le calcul de leur rémunération fait en application du règlement*** *n°10/11-UEAC-107-CM-22 portant régime général de rémunération des Premiers Responsables des Institutions spécialisés et des Agences d'exécution émergeant au budget de la CEMAC* ».

Cette première décision est essentiellement marquée par l'affirmation de l'effet immédiat des règlements CEMAC et leur applicabilité y compris aux situations en cours ; le respect des droits acquis apparaissant comme une exception limitée à ce principe. Cependant, c'est sans doute qu'il n'existait pas de véritable conflit de loi dans le temps dans cette espèce. Le principe d'entrée en vigueur immédiat du règlement ne remettait pas véritablement en cause un droit préexistant et les deux objectifs pouvaient ainsi être conciliés : il était en effet possible dans le cadre des dispositions de la norme nouvelle de tenir compte de l'ancienneté accumulée par les dirigeants en exercice de l'ISTA. Ceci explique sans doute que la Cour ne se soit référée à aucun principe général emprunté au droit européen tel que celui de confiance légitime ou de sécurité juridique.

Dans une prise de position plus récente, la Cour de Justice CEMAC a cependant eu à examiner une hypothèse de conflit direct et inconciliable entre des situations de droits préétablies et une norme nouvelle. Elle l'a fait à l'occasion d'un avis de 2016 rendu à propos d'un projet d'acte visant à modifier le calcul de l'indemnité de cessation d'activité des fonctionnaires de la CEMAC. Interrogée sur l'effet rétroactif de ce projet de texte pour les anciens dirigeants et les dirigeants en exercice, la Cour a répondu :

> *Sur la deuxième question*
>
> *Le projet d'Acte Additionnel portant réaménagement du régime indemnitaire de cessation d'activités des premiers dirigeants des Institutions, Organes, Institutions Aa et Agences d'Exécution de la CEMAC, dispose en son article 1er : « Il est accordé à tous les premiers dirigeants des Institutions, Organes, Institutions Aa et Agences d'Exécution de l'UEAC, une indemnité pour services rendus égale à douze (12) mois du dernier salaire plafonné.*
>
> *Il dispose en son article 4 : « le présent Acte Additionnel qui abroge toutes dispositions antérieures contraires, entre en vigueur à compter de sa date de signature ».*
>
> *Ces dispositions, selon les auteurs du texte en projet, sont appelées à s'appliquer aux premiers responsables* ***qui ont exercé leurs fonctions par voie de mandat dont la durée a été clairement déterminée****, et ont* ***acquis définitivement des droits sous l'empire des dispositions des textes que***

l'Acte Additionnel en projet vise à abroger. *En d'autres termes, les auteurs de ce projet de texte entendent lui* **faire produire un effet rétroactif aux fins de régir les situations individuelles antérieures régulièrement organisées.** *Il est constant qu'une telle prétention est* **de nature à violer gravement les principes applicables en matière de droits subjectifs relevant des droits fondamentaux qui doivent être juridiquement protégés.**

En effet, les premiers dirigeants des Institutions, Organes, Institutions Aa et Agences d'Exécution ont accepté d'assumer leurs fonctions respectives au sein de notre Communauté parce qu'ils ont **fait confiance en la capacité de notre Communauté de les soumettre à un ensemble de textes communautaires clairs, stables et susceptibles de leur permettre de faire des prévisions** *; ceci* **correspond à ce qu'il est convenu d'appeler le principe de la confiance légitime duquel résulte le droit de ne pas voir ces prévisions remises en cause par une loi rétroactive** *; d'où* **l'impératif de sécurité juridique** *ou l'***obligation pour notre Communauté, d'assurer mais aussi de respecter la stabilité des situations juridiques déjà existantes** *; et* **l'impératif de sécurité juridique a des exigences qui prévalent sur l'effet rétroactif** *;*

Il résulte de ce qui précède, que les droits des actuels premiers dirigeants des Institutions, Organes, Institutions Aa et Agences d'Exécution de la CEMAC, ne peuvent être atteints par un nouveau texte car, **étant en fin de mandat, leurs droits constituent des droits acquis.**

Sur quoi, la Cour EMET L'AVIS :

(…) que les dispositions du projet d'Acte Additionnel portant réaménagement du régime indemnitaire de cessation d'activités des premiers dirigeants des Institutions, Organes, Institutions Aa et Agences d'Exécution de la CEMAC **ne peuvent avoir un effet rétroactif au risque non seulement de violer les principes de confiance légitime et de sécurité juridique, mais aussi de porter atteinte à des droits acquis** ».

L'affirmation selon laquelle « *l'impératif de sécurité juridique a des exigences qui prévalent sur l'effet rétroactif* » doit selon toute vraisemblance être interprétée en ce sens que l'impératif de sécurité juridique prévaut sur le principe de l'application immédiate de la norme nouvelle, ce qui permet de situer cette position par rapport à celle qui avait été adoptée en 2012.

Cette prise de position de la Cour CEMAC apparaît particulièrement intéressante dans la mesure où l'atteinte aux droits acquis telle qu'elle est analysée peut être aisément transposée à la situation des sociétés titulaires d'un agrément dont la validité allait au-delà du 8 septembre 2022.

On note que dans cet avis, la Cour CEMAC a fait une citation littérale d'un arrêt du tribunal de première instance de l'Union Européenne pour définir la notion de confiance légitime[15]. Pour autant, en 2020, dans une situation très similaire à celle examinée en 2016 par la Cour CEMAC, le Tribunal de première instance de l'Union Européenne a considéré qu'un nouveau règlement modifiant en cours de mandat le montant des pensions des parlementaires européens ne portait pas atteinte disproportionnée au principe de confiance légitime[16]. On retient donc que la réception de la notion de confiance légitime ou de sécurité juridique et le principe de non-rétroactivité qui en découle reçoivent dans le droit positif de la CEMAC une protection plus absolue que dans le droit européen.

On notera que le principe de non-atteinte aux droits constitués est parfaitement intégré dans la pratique décisionnelle des instances de la CEMAC. A cet égard, on peut citer l'exemple d'un texte réformant les conditions d'accès à la profession de conseil fiscal[17]. Après avoir adopté en 2009 un règlement modifiant les conditions

---

[15] TPICE, 18 octobre 2011, *Purvis/Parlement*, T-439/09, EU:T:2011:600, point 65

[16] Arrêt du 15 octobre 2020, Coppo Gavazzi / Parlement (T-389/19 à T-394/19, T-397/19, T-398/19, T-403/19, T-404/19, T-406/19, T-407/19, T-409/19 à T-414/19, T-416/19 à T-418/19, T-420/19 à T-422/19, T-425/19 à T-427/19, T-429/19 à T-432/19, T-435/19, T-436/19, T-438/19 à T-442/19, T-444/19 à T-446/19, T-448/19, T-450/19 à T-454/19, T-463/19 et T-465/19)

[17] Règlement n°13/09-EAC-051-CM-20 du 11 décembre 2009 portant révision du Statut de la profession de Conseil fiscal

de déroulement du stage (en cours) des futurs conseils fiscaux, le conseil des ministres a adopté le 19 décembre 2011 un règlement rectificatif[18] permettant de préserver la situation des stagiaires rédigé de la manière suivante *« 42-1 : En application du principe de non rétroactivité de la loi et au titre des droits acquis, les personnes physiques en stage au moment de l'adoption du présent Règlement continueront d'être régies par les disposition de l'ancien statut* » de manière intéressante, ce rappel sur le principe de non-rétroactivité précédait un nouvel article modificatif 42.2 ainsi rédigé « *Les ressortissants étrangers à la Communauté disposent d'un délai de deux ans pour se conformer aux dispositions de l'article 20 du Règlement susvisé* ».

On peut se demander de quelle manière un texte nouveau imposant une mesure restrictive qui n'existait pas auparavant pour l'accès à une profession peut satisfaire en pratique au principe de non-rétroactivité. Un texte français relatif à la composition du capital des sociétés d'exercice libéral admise à exercer l'activité de laboratoire d'analyse médicale offre à cet égard une illustration intéressante : en 2013[19], une loi est venue apporter une restriction à la composition de l'actionnariat de ces sociétés en exigeant que les médecins et pharmaciens pratiquant au sein de la société détiennent plus de 50% du capital, alors que cette exigence n'existait pas auparavant. Une disposition de la loi de 2013 a néanmoins prévu de conserver le droit d'exercer aux sociétés antérieurement constituées ne remplissant pas cette condition mais a simplement prévu un droit de préférence au profit des praticiens exerçant au sein de la structure en cas de cession de titres de la SEL considérée (étant précisé que si ce droit de préférence ne peut être exercé ou s'il y est renoncé par ses bénéficiaires, la société conserve le droit d'exercer en dépit de la non-conformité de la composition de son capital avec les nouvelles normes en vigueur[20]).

---

[18] Règlement n°07/11-UEAC-051-CM-22 du 19 décembre 2011 portant modification des articles 9 et 35 et 42 du Règlement n°13/09-EAC-051-CM-20 du 11 décembre 2009 portant révision du Statut de la profession de Conseil fiscal (page 14)

[19] Loi (française) n° 2013-442 du 30 mai 2013 portant réforme de la biologie médicale

[20] Article L.6223-8 du Code de la santé publique (français)

A- L'exercice des voies de recours

1- Le recours direct en interprétation

L'article 26 de Convention de 2009 régissant la Cour de Justice Communautaire prévoit que la Cour statue à titre préjudiciel sur l'interprétation des actes des institutions de la CEMAC « *quand une juridiction nationale ou un organisme à fonction juridictionnelle est appelé à en connaître à l'occasion d'un litige* ». Ce chef de compétence suppose clairement la saisine d'une juridiction (ou d'un organe assimilé) nationale qui saisit à son tour la Cour.

L'article 34 de la même convention précise par ailleurs que la Cour peut émettre des avis sur la conformité aux normes juridiques de la CEMAC des actes des institutions lorsqu'elle en est saisie par un Etat membre, une institution, un organe ou une institution spécialisée de la CEMAC.

Enfin le même article prévoit que la Cour peut émettre un avis sur « *toute difficulté rencontrée dans l'application ou l'interprétation des actes relevant du droit communautaire* » si elle en est saisie par la Conférence des chefs d'Etat, le Conseil des Ministres, le Comité Ministériel, la Commission, ou un Etat membre.

Les compétences de la Cour en matière d'interprétation préjudicielle d'une part et en matière d'avis d'autre part apparaissent nettement distinctes et aucune de ces voies d'action n'apparaissent directement mobilisables par un requérant autre que ceux visés aux articles 26 et 34 précités, par exemple une personne lésée par un acte de droit dérivé.

Pour autant, dans une décision de 2012[21], la Cour de Justice de la CEMAC a été amenée à statuer sur une « *demande d'avis consultatif* » émanant du directeur général de l'Institut sous-régional multisectoriel de technologie appliquée, de planification et d'évaluation de projets (ISTA, qui est une institution spécialisée de la CEMAC) portant sur l'interprétation d'un règlement de 2011 susceptible d'affecter sa situation personnelle et celle de son directeur général adjoint.

---

[21] Cour de Justice CEMAC, 5 novembre 2012, affaire n°001/2012-13

Sans s'interroger sur la question de savoir si la demande émanait bien d'une institution spécialisée, alors que cette demande portait sur deux situations individuelles, la Cour a considéré que « *cette requête* [était] *recevable en ce qu'elle demande à la Cour de se prononcer sur l'interprétation qu'il convient de donner à un acte juridique de la CEMAC en l'occurrence le règlement n°10/11-UEAC-107-CM-22 du 19 décembre 2011* ».

Ce faisant, la Cour (i) a manifestement confondu la demande d'avis et le recours en interprétation, (ii) s'est abstenue de vérifier que la demande émanait bien d'une personne ayant qualité pour la saisir et (iii) n'a fait référence à aucune contrainte en matière de délai pour la saisir valablement d'une telle demande[22].

Sans qu'on puisse tirer de conclusions définitives d'une décision faiblement motivée sur les conditions de recevabilité de la requête, on pourrait le cas échéant envisager de se fonder sur ce précédent pour qu'une partie intéressée puisse solliciter de la Cour une interprétation conforme et neutralisante des articles 6 et 29 combinés du Règlement CEMAC. Cette voie permettrait une action directe mais contournerait les difficultés liées à la forclusion possible de l'action en nullité.

Il convient néanmoins de demeurer prudent sur les chances de succès d'une telle action que les textes institutifs de la Cour ne prévoient pas.

2- Le recours administratif fondé sur des arguments d'inconventionnalité

Il convient d'ajouter que les arguments de violation des règles du Traité CEMAC peuvent fournir aux sociétés concernées un fondement pour solliciter du Président du Conseil des ministres qu'il fasse procéder à la modification des dispositions du Règlement CEMAC pour les rendre conformes aux normes qui leur sont supérieures.

---

[22] Dans le cas d'espèce, la demande datait du 24 septembre alors que le règlement en cause avait été signé le 19 décembre 2011 (cette date de signature étant celle de l'entrée en vigueur du règlement comme le précisait son article 23).

On signalera à cet égard un précédent intéressant de modification d'un texte CEMAC qui concernait également la règlementation de l'exercice d'une profession, celle de conseil fiscal (voir développements ci-après). Cette modification est intervenue près de deux ans après la signature du texte d'origine, au moment de l'expiration de la période de deux ans prévus dans ses dispositions transitoires.

Ce précédent pourrait être utilement mobilisé dans le cas d'espèce pour convaincre le conseil des ministres de suivre la même voie.

Le recours administratif n'est pas prévu par les textes régissant la CEMAC sauf dans certaines règlementations prévoyant qu'il constitue un préalable obligatoire à tout recours contentieux. Tel est le cas en matière de droit de la fonction publique[23] et de sanctions édictées par la COBAC en matière bancaire[24].

La Cour de Justice de la CEMAC a néanmoins considéré qu'un recours non contentieux de ce type constituait « *une procédure préalable admise en droit administratif* » qui a pour effet de proroger le point de départ du délai de recours contentieux jusqu'à la date de la décision de l'autorité administrative prise à la suite du recours gracieux[25]. Elle a toutefois assorti ce droit à la formation d'un recours gracieux au respect des conditions de délai de l'action contentieuse, soit deux mois.

Si l'on s'en tient à cette position de la Cour de Justice, on devrait considérer que le recours administratif devant le conseil des ministres est soumis aux mêmes incertitudes, s'agissant des délais de recours que l'action contentieuse en nullité contre le Règlement CEMAC.

Sans doute en est-il ainsi si l'on considère un recours administratif susceptible de préserver les délais du recours contentieux.

---

23 Articles 115 et 119 du Règlement n° 03/09-UEAC-007-CM-20 portant Statut des fonctionnaires de la CEMAC

24 Règlement COBAC R93/09 relatif aux modifications de la situation des établissements de crédit

25 Cour de Justice CEMAC, 23 juin 2011, arrêt n°017/2011 précité

Néanmoins, on doit pouvoir envisager, contre les règlements communautaires, une action gracieuse semblable à celle qui a été consacrée par le juge administratif français contre les règlements illégaux : la faculté de solliciter à tout moment, auprès de son auteur, l'abrogation d'un règlement qui violerait des normes supérieures[26]. C'est sans doute implicitement à cette solution que les auteurs du règlement relatif à la profession de conseil fiscal ont accepté de recourir pour modifier une disposition transitoire affectant des élèves-conseils en cours de stage.

Rien dans la jurisprudence de la Cour de Justice CEMAC ne permet cependant en l'état de considérer que le refus d'abrogation pourrait faire l'objet d'un recours juridictionnel, comme a pu le décider le Conseil d'Etat français dans la décision ci-dessus évoquée. Il n'est cependant pas impossible que la Cour de Justice puisse suivre le Conseil d'Etat français dans cette voie car la position de ce dernier était fondée sur le caractère perpétuel (reconnu aussi par la Cour de Justice CEMAC) de l'exception d'illégalité contre les actes réglementaires.

---

[26] Conseil d'Etat (français), Assemblée 3 février 1989, *Compagnie Alitalia*, req. n°74052.

LA COHERENCE DE LA REGLEMENTATION CONGOLAISE AVEC LE DROIT INTERNATIONAL EN MATIERE DE PLACEMENT DE PERSONNEL MARITIME

par Monsieur Richard MOULET
Cabinet Seatter Pearce
et
Maître Jean PETRO
Avocat, ancien Bâtonnier national

I- PRESENTATION DU SUJET

Le présent article vise à constater l'absence de cohérence entre la réglementation nationale congolaise d'une part, et le droit international d'autre part, en matière de mise à disposition de personnel maritime (gens de mer).

- Le droit international consiste :
  - D'une part, dans la Convention Maritime Labour Convention signée en 2006, dite « MLC 2006 », que le Congo a ratifié en 2014, et qui y est donc applicable ;
  - Dans le Code Communautaire de la Marine Marchande (CCMM), refondu en 2012 ; cependant, on note avec intérêt que le droit Communautaire découle d'un Traité Cemac, et constitue donc un droit supra-national d'application immédiate et inconditionnelle dans chacun des Etats-membres de la Cemac, et notamment en République du Congo.

    Remarque : on note avec intérêt que les dispositions de cette Convention avaient été intégrées dans le CCMM, et qu'en conséquence, la Convention MLC 2006 est applicable en République du Congo depuis 2012.

- Le droit national consiste :

  - Essentiellement dans l'Arrêté n° 6970 du 3 mai 2011 (ayant modifié notamment l'article 1er de l'Arrêté n° 7088 du 31 aout 2009), fixant les conditions d'agrément pour l'exercice de l'activité de « prestataire de service des gens de mer » ;

  - A titre complémentaire, dans l'Arrêté n° 19573 du 10 novembre 2014 (modifiant l'article 2 de l'arrêté n° 2623 du 11 aout 2000) déterminant la proportion de participation des nationaux congolais dans le capital social des sociétés étrangères prestataires de services des gens de mer admises à exercer au Congo.

<u>Précisions</u> :

- Le texte initial de l'Arrêté (avant l'amendement de 2011) était clair, en concernant seulement la gestion des personnels embarqués pour le compte d'un armateur sur un navire (ou assimilé).

- Or, l'amendement de 2011 est venu étendre ce champ statutaire :

  - aux **sociétés employant du personnel technique et industriel**
  - exerçant sur **les plates-formes fixes,** sans que ce changement profond découle d'une nouveauté dans les conventions ou lois fondant le secteur.

Donc le nouveau texte a opéré une double extension, personnelle et matérielle.

II- POSITIONNEMENT DU SUJET

Nous nous intéresserons successivement aux points suivants :

- La notion de prestataire de services de gens de mer ;
- Le champ d'application de la réglementation ;
- L'impact de l'application de la réglementation modifiée.

II-1. La notion de prestataire de services de gens de mer

Suivant l'article premier de l'Arrêté 6970 susvisé :

Est prestataire de services des gens de mer, toute personne physique ou morale qui assure pour le compte d'un armateur ou de son représentant, d'un affréteur ou d'un tiers, d'un agent maritime, la gestion des personnels embarqués liés aux métiers des gens de mer à bord des navires, tout engin flottant ou unités mobiles de forage dans les eaux maritimes sous juridiction congolaise.

Les mêmes dispositions s'appliquent aux sociétés employant le personnel technique et industriel exerçant sur les plates-formes fixes installées dans les eaux maritimes sous juridiction congolaise.

L'expression « assurer la gestion du personnel embarqué pour le compte d'un armateur… » n'est pas très explicite, mais nous pouvons déduire sa signification de la manière suivante :

- l'expression : « **pour le compte** d'un armateur, d'un affréteur ou d'un tiers, ou d'un agent maritime » ne peut être pris dans son sens juridique de mandat/mandataire, car en aucun cas ledit gestionnaire n'a l'intention de se substituer à l'armateur pour accomplir les tâches incombant à ce dernier en qualité d'employeur, à savoir l'administration au quotidien du personnel d'une entreprise, comprenant :

  * Le recrutement, la formation et la gestion de carrière ;

  * La gestion administrative ;

  * La paie et la politique de rémunération et des avantages sociaux ;

  * Les relations sociales.

En effet, à bord du navire, l'armateur ou le capitaine reste seul en charge de la « gestion » de son personnel, et cette tâche fondamentale ne saurait faire l'objet d'une sous-traitance.

- L'ajout du terme « embarqué » vient renforcer l'idée qu'il s'agit de personnel exécutant des fonctions ponctuelles, qui sont donc recrutés à titre temporaire, ce qui justifie le recours au travail temporaire tel qu'existant dans de droit commun congolais du travail (cf. développements ci-dessous).

- En conséquence, on ne peut comprendre cette expression que dans le sens traditionnel du terme, à savoir une mise à disposition du personnel maritime, **et l'expression « prestation de service de gens de mer » désigne en fait le recrutement et le placement des gens de mer.**

On relève à cet égard deux éléments qui renforcent notre **conviction :**

1- L'article 3 du texte intègre une obligation de caution ; or, la réglementation du travail temporaire intègre pour la société utilisatrice une obligation de justifier d'une caution destinée à pallier les défaillances financières de l'employeur (société d'intérim) vis à vis des travailleurs mis à disposition (ce qui s'est révélé très fréquent en pratique).

Dans ce cadre, la réclamation d'une caution trouve sa justification au titre des mesures devant être mises en place pour *« indemniser les gens de mer ayant subi des pertes pécuniaires du fait que les services de recrutement et placement n'a pas rempli ses obligations à leur égard »* (cf. article 4-2-f de la Convention MLC 2006, reprise à l'article 402-c-vi ci-dessous reproduit).

Le lien entre l'exigence d'une caution et la mise à disposition du personnel est donc clairement établi ; e**n revanche, la caution ne trouve aucune justification en cas d'embauche directe d'un salarié.**

2- L'article 7 prévoit parmi les cas de retrait de l'agrément : « le retard de paiement des salaires et droits », ce qui montre à suffisance qu'il s'agit des salariés mis à disposition par la société agréée comme prestataire de services de gens de mer, auprès des utilisateurs.

Remarque : On peut s'interroger sur la justification du choix d'une expression « prestation de services de personnel » plutôt que l'utilisation de l'expression plus traditionnelle de « mise à disposition de personnel ».

Il semble possible d'expliquer cela par le fait que, jusqu'à l'entrée en vigueur du CCMM refondu en 2012, il était interdit d'exercer l'activité de placement des marins à titre lucratif ([27]). Or, force est de constater que, dans la réalité et sous couvert de cette dénomination alternative, de nombreuses sociétés de recrutement et de placement de gens de mer à titre lucratif, ont bénéficié d'un tel agrément.

- On ajoute que la comparaison entre la rédaction de l'ancien Arrêté (7088) et le nouveau (6970) renforce cette opinion puisque le nouvel Arrêté ajoute dans le champ d'application : « les sociétés **employant le personnel** technique et industriel exerçant sur les plates-formes fixes.

  En effet, l'expression « employer le personnel » vise l'emploi direct des salariés, par opposition à l'utilisation du personnel mis à disposition, qui n'est pas employé par lesdites sociétés (en effet, l'employeur direct d'un travailleur mis à disposition est la société de mise à disposition).

  On voit donc que l'un des objectifs de la nouvelle rédaction a été d'élargir le champ d'application de l'agrément à des situations d'emploi direct, ce qui entraine d'ailleurs une grave difficulté puisque cet emploi direct concerne non plus des gens de mer stricto sensu, mais des techniciens pétroliers.

---

[27] En effet, antérieurement à la réforme du code de la marine marchande CEMAC du 16 février 2012**, il était interdit de faire profession de placement des marins** (article 325 du code de la marine marchande CEMAC du 03 aout 2001). Ce qui invalidait toute disposition visant à faire agréer de tels professionnels.
Article 325 ancien : *Le placement des marins ne peut faire l'objet d'une activité exercée dans un but lucratif par aucune personne, société ou établissement. Aucune opération de placement ne peut faire l'objet d'une rémunération quelconque, directe ou indirecte…*

Remarque complémentaire : Pour les personnels « terrestres » il existe une réglementation précise (bien que non strictement appliquée) contenue aux articles 73 à 73-19 du code du travail, dans le cadre du travail temporaire ou « intérim », relatif au personnel embauché par une société de travail temporaire placé auprès d'un utilisateur.

Nous verrons qu'il existe des similitudes entre ces deux cadres d'application de mise à disposition de personnels.

II-2. Le champ d'application de la réglementation

Cette activité, si elle est désormais autorisée[28] est strictement encadrée par les règles impératives de la Convention MLC 2006, intégrée dans le Code Communautaire de la marine marchande en ses articles 399 et suivants (ci-après reproduits).

Article 399 : Tous les gens de mer doivent pouvoir avoir accès à un système efficient, adéquat et transparent pour trouver, sans frais, un **emploi à bord d'un navire**.

1- Sur la notion de « gens de mer »

On a vu que le texte nouveau avait étendu l'agrément aux situations d'emploi direct de techniciens, or ces personnels ne sont pas visés par le CCMM, qui reprend la définition de la MLC2006 en la matière, à savoir qu'il s'agit de personnel embarqué pour **un emploi exercé à bord d'un navire ;** il s'agit donc clairement des marins au sens strict du terme, car un marin est un travailleur qui exerce un emploi à bord d'un navire, soit « sur le pont, dans la machine ou le service général ».

Même sur la définition générale adoptée in limine par le CCMM inclut les personnes « dont l'activité s'exerce en mer », il convient de tempérer cet élément de deux manières :

---

[28] Article 399-2 : *Les services publics* ***et/ou privés*** *de recrutement et de placement des gens de mer opérant sur le territoire d'un Etat membre doivent se conformer aux normes énoncées au présent Chapitre.*

a. Dans le contexte du droit maritime, on doit forcément comprendre que cette activité doit s'exercer **à titre principal**, sous peine de dénaturation de la notion (car un simple usager ne saurait être considéré comme faisant partie des gens de mer (il s'agit plutôt de « gens sur mer ») ;

b. Dans le contexte de l'harmonisation avec la Convention MLC 2006 (contenue dans les articles 399 et suivants du CCMM (cf. note de fin de document ([29])), il convient de s'en tenir à la définition de gens de mer adoptée par cette Convention, à savoir que : « *L'expression* ***gens de mer*** *désigne toute personne remplissant les conditions pour être employée ou engagée, à quelque titre que ce soit, à bord de tout navire de mer autre d'un navire d'Etat affecté à des fins militaires ou à des activités non commerciales »*.

Le texte de l'Arrêté (avant l'amendement de 2011) était clair, en concernant exclusivement les **personnels embarqués liés aux métiers des gens de mer** à bord des navires…

2- Sur le lieu d'exercice de l'activité (la notion de « navire »)

Le texte du CCMM et de la MLC 2006 ne vise que les emplois exercés à bord des « navires », ce qui exclut les moyens navals non classifiés en navire d'une part, et d'autre part les plates-formes fixes, ou celles qui sont arrimées au fond de l'océan.

Or, la rédaction de l'Arrêté 6970 découlant de l'amendement de 2011 étend ce champ d'application au « personnel technique et industriel exerçant sur les plates-formes fixes ».

Conclusion sur le champ d'application :

Force est donc de reconnaître que la définition donnée par l'article 399, exclue manifestement les techniciens du pétrole, d'autant plus lorsqu'ils n'exercent pas cet emploi sur un navire.

II-3. Impact de la réglementation

Un autre intérêt fondamental à bien clarifier la notion de « prestataire de services de gens de mer », réside dans une conséquence au niveau du contenu local (« local content »)

En effet, un Arrêté (cf. note ([30]) de fin de document) n° 19573 du 10 novembre 2014, impose la détention nationale des sociétés étrangères prestataires de services de gens de mer, à hauteur de 60 à 70%.

En conséquence, **sauf à considérer que toutes les sociétés étrangères qualifiées de prestataires de services de gens de mer** (en l'état actuel de l'interprétation des contrôleurs de la Marine Marchande, il s'agit de toutes les sociétés travaillant dans le secteur parapétrolier en mer) doivent céder plus de la moitié de leur capital à des nationaux congolais, **on voit bien que cet Arrêté a vocation à s'appliquer aux sociétés faisant profession de mettre des marins à disposition d'autres sociétés exerçant leurs activités en mer.**

Et alors même que la loi sur la sous-traitance place ce plafond de participation à 30%.

III- CONCLUSION GENERALE

- **De la lecture des dispositions nouvelles du code de la marine marchande, il en ressort clairement que l'agrément ne vise par principe que le recrutement et le placement des marins.**

Il en découle que l'Arrêté n° 6970, qui date de 2011, n'est plus en cohérence avec les textes applicables, à savoir le CCMM 2012 dans ses articles 399 et suivants, qui ont été harmonisés avec la Convention MLC 2006, notamment les points suivants :

- **D'une part et surtout,** quant à l'objet qui vise les emplois directs :

Tant le CMM que la convention MLC2006, visent le placement des marins, et non le recrutement direct par un employeur ;

- D'autre part, quant au personnel visé :

En effet, la Convention MLC2006 vise les gens de mer ou marins, définis comme les personnes travaillant à bord des navires ;

- Egalement, quant au lieu de la prestation :

La Convention ne vise que les navires, ce qui exclut les plates-formes fixes en tous cas.

- Enfin, et notablement, **quant à la procédure :**

En effet, l'article 401 nouveau du CMM prévoit que le système de licence ou d'agrément ne peut être établi , modifié ou remplacé **qu'après consultation des organisations d'armateurs et des gens de mer intéressés.**

En conséquence, toute entreprise dont l'activité prend place sur la mer, est considérée par cette administration comme soumise à un agrément.

IV- RECOMMANDATION

La réglementation nationale devrait être mise en harmonie avec le droit international, à issue d'une concertation entre les milieux maritimes privés et l'autorité maritime congolaise.

(*) Harmonisation du code communautaire de 2012 avec les dispositions de la MLC 2006 chapitre III.

V- RECRUTEMENT ET PLACEMENT DES MARINS

ARTICLE 399 :

1. Tous les gens de mer doivent pouvoir avoir accès à un système efficient, adéquat et transparent pour trouver, sans frais, un emploi à bord d'un navire.

2. Les services publics et/ou privés de recrutement et de placement des gens de mer opérant sur le territoire d'un Etat membre doivent se conformer aux normes énoncées au présent Chapitre.

3. En ce qui concerne les gens de mer qui travaillent à bord de navires battant pavillon d'un Etat membre, les armateurs qui utilisent les services de recrutement et de placement des gens de mer établis dans des pays ou territoires auxquels le présent Code ne s'applique pas doivent s'assurer que ces services se conforment aux prescriptions y énoncées.

ARTICLE 400 :

1. Tout Etat membre qui a mis en place un service public de recrutement et de placement des gens de mer veille à ce que ce service soit géré dans les règles de façon à protéger et promouvoir les droits des gens de mer en matière d'emploi, tels qu'ils sont énoncés au présent titre.

2. Rien dans le présent chapitre n'a pour effet :

a. d'empêcher un Etat membre d'assurer un service public gratuit de recrutement et de placement des gens de mer dans le cadre d'une politique visant à répondre aux besoins des gens de mer et des armateurs, que ce service fasse partie du service public de l'emploi ouvert à l'ensemble des travailleurs et des employeurs ou qu'il agisse en coordination avec ce dernier ;

b. d'imposer à un Etat membre l'obligation d'établir sur son territoire un système de gestion des services privés de recrutement et de placement des gens de mer.

ARTICLE 401 :

Lorsque des services privés de recrutement et de placement des gens de mer dont l'objet principal est le recrutement et le placement des gens de mer ou qui recrutent et placent un nombre non négligeable de gens de mer opèrent sur le territoire d'un Etat membre**, ils ne peuvent exercer leurs activités qu'en vertu d'un système normalisé de licence ou d'agrément** ou d'une autre forme de réglementation. Un tel système ne peut être établi, modifié ou remplacé qu'après consultation des organisations d'armateurs et de gens de mer intéressées.

ARTICLE 402 :

Tout Etat membre adoptant le système mentionné au précédent article doit au minimum, par voie de législation ou par d'autres mesures :

a. interdire aux services de recrutement et de placement des gens de mer d'avoir recours à des moyens, mécanismes ou listes pour empêcher ou dissuader les gens de mer d'obtenir un emploi pour lequel ils possèdent les qualifications requises ;

b. interdire que des honoraires ou autres frais soient facturés aux gens de mer, directement ou indirectement, en tout ou en partie, pour le recrutement, le placement ou l'obtention d'un emploi, en dehors du coût que les gens de mer doivent assumer pour obtenir un certificat médical national obligatoire, le livret professionnel national et un passeport ou autre document personnel de voyage similaire, sauf le coût des visas qui doit être à la charge de l'armateur ;

c. s'assurer que les services de recrutement et de placement des gens de mer opérant sur son territoire :

   i) tiennent à disposition, aux fins d'inspection par l'autorité compétente, un registre à jour de tous les gens de mer recrutés ou placés par leur intermédiaire;

   ii) s'assurent que, préalablement à l'engagement ou au cours du processus d'engagement, les gens de mer sont informés des droits et obligations énoncés dans leur contrat d'engagement et que les dispositions nécessaires sont prises pour que les gens de mer puissent examiner leur contrat d'engagement avant et après leur signature et pour qu'un exemplaire du contrat leur soit remis ;

   iii) vérifient que les gens de mer recrutés ou placés par leur intermédiaire possèdent les qualifications requises et détiennent les documents nécessaires pour l'emploi considéré, et que les contrats d'engagement maritime sont conformes à la législation et à toute convention collective incluse dans le contrat ;

iv) s'assurent, dans la mesure où cela est réalisable, que l'armateur a les moyens d'éviter que les gens de mer ne soient abandonnés dans un port étranger ;

v) examinent toute plainte concernant leurs activités et y répondent, et avisent l'autorité compétente des plaintes pour lesquelles aucune solution n'a été trouvée ;

vi) mettent en place un système de protection, sous la forme d'une assurance ou d'une mesure équivalente appropriée, pour indemniser les gens de mer ayant subi des pertes pécuniaires du fait que le service de recrutement et de placement ou l'armateur, en vertu du contrat d'engagement maritime, n'a pas rempli ses obligations à leur égard.

ARTICLE 403 :

1. L'autorité maritime compétente supervise et contrôle étroitement tous les services de recrutement et de placement des gens de mer opérant sur le territoire de l'Etat membre concerné. Les licences ou agréments ou autres autorisations permettant de gérer un service privé sur le territoire sont accordés ou renouvelés seulement après vérification que le service de recrutement et de placement concerné remplit les conditions prévues par la législation nationale.

2. L'autorité maritime compétente s'assure que des mécanismes et procédures appropriés existent en vue d'enquêter, si nécessaire, au sujet des plaintes relatives aux activités des services de recrutement et de placement des gens de mer, avec le concours, lorsqu'il y a lieu, des représentants des armateurs et des gens de mer.

LA SECURITE ET SURETE MARITIME A L'EPREUVE DU CODE COMMUNAUTAIRE DE LA MARINE MARCHANDE

par René NGANONGO
Contre-amiral
Chef d'Etat-Major de la Marine Nationale

L'honneur me revient de prendre la parole en cette circonstance solennelle et hautement symbolique, pour participer à l'hommage à un passionné de la mer et grand serviteur de l'Etat, le feu ministre **Martin Parfait Aimé COUSSOUD MAVOUNGOU,** premier secrétaire permanent du comité interministériel de l'action de l'Etat en mer et dans les eaux continentales, que j'ai eu le privilège et l'admiration de côtoyer sur un dossier passionnant dont le repère « **historique** » s'est réalisé dans cette même salle, lors du symposium des Chefs d'état-major des marines des pays riverains du Golfe de Guinée, sous le patronage de son excellence monsieur le Premier Ministre, Chef du Gouvernement, Président du comité interministériel de l'action de l'Etat en mer et dans les eaux continentales (AEMEC).

C'est en ces lieux, qu'il a présenté à la communauté des marins du Golfe de Guinée et aux partenaires internationaux du monde maritime (France, USA, Belgique, Italie, Brésil, Allemagne, Portugal), le concept congolais de l'AEMEC.

C'est aussi un honneur pour la marine nationale d'apporter sa modeste contribution sur « ce bilan » de la mise en œuvre de la convention des nations unies sur le Droit de la mer (CNUDM) et du code CEMAC de la marine marchande (CCMM), dont nous célébrons respectivement les quarante (40) ans et dix (10) ans d'existence.

La thématique soumise à notre réflexion porte sur « ***la sécurité et la sûreté maritime à l'épreuve du code communautaire de la marine marchande*** ».

Pour l'aborder, nous pouvions nous poser les questions suivantes :

1- La marine nationale est-elle liée au CCMM ?

2- Que fait-elle donc au quotidien / concrètement dans ce domaine ?

3- Que pouvons-nous alors faire ensemble demain du point de vue de la perspective ?

Le code communautaire de la marine marchande est un instrument juridique qui régit les activités maritimes, para-maritimes et portuaires des pays membre de la CEMAC. Il est de ce fait un document cadre, qui traite de façon générale les questions de sécurité et sûreté maritime.

C'est pourquoi, dans la prise en compte des risques sécuritaires multiformes liés par exemple, à la connaissance du domaine, à la régulation du transport maritime et à la protection de l'environnement marin, la marine nationale s'appuie sur le **titre IV-chapitre Ier, chapitre X à XII** du code communautaire de la marine marchande.

De plus, au regard des dispositions pertinentes du code communautaire de la marine marchande, couplées aux indications de certaines conventions de l'OMI comme SOLAS, MARPOL et bien d'autres, l'Etat à l'obligation de sécuriser le trafic maritime et de protéger les vies humaines en mer.

Cela est d'autant indispensable quand nous considérons les enjeux sécuritaires de plus en plus croissants.

I- LES ENJEUX SECURITAIRES

a. Dans le Golfe de Guinée

Les statistiques entre 2017 et 2021 concernant les navires piratés, les attaques, les approches suspectes et les vols ; mais aussi bien que la destruction de la faune maritime par le pillage des ressources halieutiques, la surpêche et la pollution montrent que ces différents actes illicites menacent :

- **La sécurité des navires et des vies humaines en mer ;**

- **La protection des ressources et de l'environnement marin ;**

- **En fait, le capital de travail des gens de mer.**

La nécessité de préserver ce capital de travail a été pris en compte par le code de conduite de Yaoundé.

b. En République du Congo

Les enjeux sont très importants. Ceux–ci font appel à l'Etat, au regard de ses obligations en tant que garant de la sécurité et de la sureté de son espace maritime, des navires qui y naviguent et des vies humaines à leur bord, comme le rappelle ci – bien le **titre III** du CCMM portant régime disciplinaire et pénal de la Marine Marchande.

Cet exercice de la souveraineté qui contribue à la protection des intérêts vitaux de l'Etat est fragilisé par l'absence des services de l'Etat en mer.

De ce fait, ces espaces sont plus vulnérables et livrés à des trafics de tout genre comme l'illustrent les données ci après présentées.

Entre 2020 et 2021 il a été constaté (par une société partenaire) que sur 933 navires qui ont pénétrés dans la zone économique exclusive congolaise, seuls 427 ont effectués une visite au port ou ont opéré dans les installations gazières ou pétrolières.

Au cours de la même période, il a été aussi enregistré 2542 opérations entre navires. Ce qui nous interroge sur la nature des activités illicites menés lorsque nous ne sommes pas en mer et conséquemment le manque à gagner en termes des recettes.

C'est dire qu'il y a un lien indéniable entre la sécurisation du domaine maritime et le dol économique.

II- LES CONCEPTS DE SECURITE ET DE SURETE MARITIME

S'il est aujourd'hui usuel de distinguer sécurité (Safety) et sûreté (Security) maritime, l'emploi pertinent de ces mots, qui occupent désormais une place importante dans le langage des usagers de la mer n'est pas toujours aisé.

Au-delà des débats doctrinaux, les deux concepts semblent se distinguer par le type de danger qu'ils appréhendent.

La sécurité s'applique aux risques, tandis que la sûreté vise la prévention des menaces.

En terme opérationnel :

- **Sécurité :** Renvoie à la prévention et la lutte contre les accidents en mer ;
- **Sûreté :** Fait allusion à la prévention et la lutte contre les actes et les phénomènes criminels.

III- LES ACTEURS NATIONAUX DE LA SECURITE ET LA SURETE MARITIME

Pour y faire face, le code communautaire de la marine marchande présente la marine nationale comme un acteur essentiel dans le dispositif de sécurité et de sureté maritime. Ceci est confirmé dans les dispositions réglementaires sur l'AEMEC.

Le code qui intègre plusieurs instruments maritimes internationaux, fait appel à un certain nombre d'acteurs nationaux en matière de sécurité et de sûreté maritime, notamment :

La marine marchande (Autorité maritime), l'administration des pêches ; les hydrocarbures, L'environnement, La recherche scientifique, Les opérateurs portuaires, La marine nationale, les armements maritimes, pour ne citer que ceux-là.

En d'autres termes, nous pouvons relever que la marine nationale a bel et bien sa place dans le dispositif de mise en œuvre du CCMM (**articles 256 / 790 du CCMM**).

Alors que faisons-nous au quotidien ?

IV- ROLE DE LA MARINE NATIONALE DANS LE DISPOSITIF DE SECURITE ET DE SURETE MARITIME

En prenant en référence le **titre III** portant régime pénal de la marine marchande et aujourd'hui, le concept de l'AEMEC, la marine nationale agit sur deux (02) niveaux :

Le premier niveau, correspond à ses missions régaliennes de défense :

Défendre le territoire national en mer et dans les eaux continentales ; ceci renvoie à :

- Surveiller et contrôler les espaces maritimes et eaux continentales sous juridiction ;
- Défendre les intérêts nationaux ;
- Participer aux missions de service public à caractère opérationnel (**Chap. I, Art 755 du CCMM**) :
    - Lutte contre la criminalité en mer,
    - Lutte contre les actes et trafics illicites,
    - Présence en mer - mission de police en mer.

Le second niveau, traite les questions liées aux missions de service public d'appui et de soutien (**Art 772 - 781 CCMM**).

Ces missions lui permettent d'appuyer dans une démarche inclusive, mais non intrusive, les autres administrations dans l'accomplissement de leurs missions, telles que :

- La police de la navigation ;
- La surveillance des pêches ;
- La sécurisation des plateformes Offshore;
- La recherche et le sauvetage maritime;
- La protection de l'environnement marin.

Ces missions sont reconnues par le décret 2019-125 du 03 mai 2019 portant organisation et coordination de l'AEMEC.

V- CONTRIBUTIONS DE LA MARINE NATIONALE DANS LE RENFORCEMENT DE LA SECURITE ET SURETE MARITIME

C'est en appréciation de ce cadre réglementaire que nous pouvons appréhender les contributions de la marine nationale au renforcement de la sécurité et de la sureté maritime.

Selon l'esprit du code CEMAC de la marine marchande et des conventions maritimes internationales, la sécurité et la sureté maritime ne peuvent être gérées de façon exclusive, car la gestion même d'un évènement de mer, nécessite l'intervention d'un ensemble d'acteurs pour en garantir l'efficacité.

Dans cet esprit de coopération, de mutualisation et de coordination, la contribution actuelle de la marine nationale se traduit de la manière suivante :

Dans le volet coopération – coordination

- Participation au groupe de travail interministériel AEMEC - devenu groupe technique d'experts près le secrétariat permanent du comité interministériel de l'AEMEC ;
- Renforcement des capacités des différents acteurs impliqués dans la mise en œuvre du CCMM et dans l'AEMEC à travers les activités multiformes.

En termes d'illustrations, nous avons par exemple :

- La sécurisation des sites offshore (de la société ENI – Congo) ;

- L'Accord technique entre les ministères en charge de la défense nationale et de la pêche sur le contrôle et la surveillance des pêches qui vient formaliser, la pratique des opérations conjointe et d'appui à la surveillance des pêches;

- Projet de renforcement de la coordination entre les centres opérationnels en améliorant le partage de l'information avec, notamment le centre d'observation de la pêche et la VIGIE du port autonome de Pointe – Noire ;

- Participation du COM à l'architecture régionale de sécurité maritime et au réseau d'échange d'informations (Cet autre fait le lien entre code de conduite de Yaoundé et CCMM).

Dans le volet formation

La marine nationale est point focal de certains partenaires internationaux tel que l'ISMI et coordonnateur des différentes offres de formations aux profits des administrations impliquées dans la mise en œuvre du CCMM et dans l'AEMEC.

Depuis 2015, cent trente (130) personnels des administrations suivantes ont bénéficié des formations dans le cadre dudit projet :

Il s'agit de :

- La marine marchande,

- Les Douanes

- L'agriculture, l'élevage et la pêche,

- Les hydrocarbures,

- La justice,

- Le port autonome de Pointe Noire,

- Le Conseil congolais des chargeurs,

- La marine nationale.

A cela, il est bon de relever l'implication et la participation de ces administrations aux nombreux exercices internationaux de gestion de crises. Les différentes structures répondent avec empressement et beaucoup de bonheur, dans le cadre d'un partage d'expérience.

Ces rencontres renforcent la confiance, car on apprend à se connaitre mutuellement.

Voilà donc ce que nous faisons au quotidien dans la mise en œuvre du CCMM.

Que pouvons-nous continuer à faire demain ?

VI- PLAYDOYER POUR LE RENFORCEMENT DU DISPOSITIF NATIONAL DE SECURITE ET DE SURETE MARITIME

Laissez-moi profiter de cet instant pour faire un plaidoyer visant au renforcement de notre dispositif national de sécurité et de sureté maritime.

La prise en compte par la République du Congo des dispositions du CCMM en matière de sécurité et de sureté a conduit au renforcement des capacités répressives de la marine nationale par l'adoption de la loi n° 05 - 2019 du 08 février 2019 relative aux modalités de recours à la coercition et l'emploi de la force en mer et dans les eaux continentales.

Cette loi ouvre de merveilleuses perspectives, en ce que :

1- Elle confère aux commandants de navires et aéronefs la qualité d'OPJ ;

2- Les procès-verbaux établis par ces commandants en qualité « d'OPJ », sont pris en compte par le procureur de la République ;

3- L'emploi de la force armée de l'Etat par la marine nationale est reconnu ;

4- Il est dorénavant possible de financer le conditionnement de la marine nationale par les amendes issues des procédures judiciaires.

L'efficacité opérationnelle de cet instrument juridique pris en application du CCMM, passera sans nul doute par la mise à contribution des moyens de l'Etat (Humains - matériels - financiers) disponibles au niveau des différentes administrations de l'Etat pour l'intérêt de tous.

« ***On est crédible que si on est efficace, et on ne sera efficace que si nous mutualisons les moyens et partageons rationnellement l'information pour l'intérêt de tous. De la confiance mutuelle nait forcément un succès dans l'action collective, dont les dividendes "individuels" sont très perceptibles*** ».

Autrement dit, vaut mieux se partager les grosses miettes d'un gros gâteau que de se partager les petites miettes d'un petit gâteau.

Notre plaidoyer s'appuie sur trois (03) mots à savoir :

Crédibilité – Efficacité – Pérennité.

Trois (03) mots qui devront clairement résumer le dispositif sécuritaire que nous suggérons afin de parvenir à la préservation des intérêts vitaux de l'Etat dans le temps et dans l'espace : Crédibilité – Efficacité – Pérennité en mer et dans les eaux continentales.

On dénotera :

- **Les centres opérationnels qui communiquent et assurent le partage ponctuel de l'information ;**

- **Un dispositif fixe de détection le long de la côte (unités radars et sémaphoriques) ;**
- **Un dispositif efficace de contrôle de sécurité et sureté des navires et ;**
- **Un dispositif en profondeur composé des moyens nautiques pour des missions de surveillance, de dissuasion et d'intervention.**

Enfin, il nous reste à mieux réglementer la présence des personnels armés abord des navires de commerce.

CONCLUSION

En conclusion, je dirai simplement que « ***la sécurité et la sûreté maritime à l'épreuve du code de la CEMAC de la marine marchande*** » c'est :

- Un mouillage surveillé - des navires contrôlés - un espace maritime et des eaux continentales maitrisés (safe and secure).
- Ceci n'est possible qu'avec l'émergence d'une volonté collective et d'une réelle optimisation de l'emploi de nos moyens appuyé par les différentes administrations par :
    - o un financement "partagé" pour la sécurisation de notre espace maritime et de nos eaux continentales en mesure de promouvoir et dynamiser l'économie bleue ;
    - o la mise en place d'un continuum répressif: c'est-à-dire, le passage de la sanction « **policière** » à la sanction « **juridictionnelle** », pour dissuader suffisamment les potentiels contrevenants aux dispositions du CCMM.

Merci de votre aimable attention.

LES ARCANES DU RECOURS DE L'ASSUREUR FACULTES EN DROIT MARITIME

par Gaston NGAMKAN
Docteur en Droit Spécialisé en Droit Maritime et des Transports (Université d'Aix-Marseille)
Avocat au Barreau du Cameroun
Ancien Avocat à la Cour d'appel d'Aix-en-Provence
Président fondateur de l'Association Camerounaise du Droit Maritime (ACDM)

L'assureur qui indemnise un sinistre ne supporte pas, en principe, la charge définitive du paiement effectué à son assuré. Il effectue le règlement dans l'espoir d'exercer un recours contre l'auteur du dommage, celui-là même qui par son fait l'a contraint à mettre en œuvre sa garantie, à l'effet de recouvrer tout ou partie des sommes déboursées. Tout litige d'importance découlant d'un transport oppose, par postulat, l'assureur de la marchandise – encore appelé assureur facultés – et le responsable présumé du dommage (transporteur maritime, entrepreneur de manutention, commissionnaire de transport, transporteur routier ayant effectué le pré ou le post acheminement...), ainsi que son assureur, lorsqu'il a eu la prescience de garantir sa responsabilité civile. C'est ainsi que le système demeure en équilibre. Sans cette possibilité de recours, l'assurance ne serait pas viable, puisqu'il suffirait que l'assureur indemnise quelques sinistres majeurs pour se voir obligé de mettre la clé sous le paillasson.

Mais, l'assureur qui règle l'indemnité à son client est seul recevable à exercer, à concurrence du montant de l'indemnité payée, le recours contre le tiers responsable, hors la présence de son assuré[31]. C'est alors l'assureur, et lui seul, qui est maître de l'action à poursuivre contre le tiers responsable[32].

Cette possibilité de recours est légalement prévu tant en matière d'assurance maritime (art. 705, Code communautaire de la marine marchande) qu'en matière d'assurance terrestre (art. 42 du Code CIMA), où les textes énoncent expressément que l'assureur qui a payé l'indemnité d'assurance est subrogée dans tous les droits de son assuré qu'il a indemnisé en raison du sinistre.

Pour autant, l'exercice de ce recours n'apparaît pas toujours de tout repos pour l'assureur qui est systématiquement confronté à la résistance de ses adversaires, notamment les opérateurs de transport et leurs assureurs de responsabilité civile, lesquels lui tiendront la dragée haute en lui opposant toutes sortes d'exceptions, fins de non-recevoir et moyens de défense au fond pour faire échec à son action.

Les services contentieux et les conseils des compagnies d'assurance ne le savent que trop bien aujourd'hui. Depuis bientôt deux décennies, en effet, aucun procès initié par un assureur maritime ne débute sans qu'on lui conteste, avec entrain et "in limine litis", son droit d'action, précisément en lui opposant une fin de non-recevoir tirée du défaut de qualité, laquelle est devenue pratiquement une menée dilatoire. Au goût du jour, cette finasserie procédurale est fréquemment empreinte de mauvaise et est invoquée à seule fin d'éluder le débat au fond.

Tout est parti de quelques décisions rendues par les juridictions françaises en 2001[33], lesquelles ont induit notre Confrère parisien

---

[31] Cass., 2e civ., 4 fév. 2010, n° 08/17.115.

[32] Ph. Delebecque, Vers une meilleure reconnaissance des droits des assureurs facultés, in Gaz. CAMP, n° 22, n° 22, Printemps 2010, p. 1.

[33] Il s'agit essentiellement des arrêts suivants : Aix-en-Provence, 13 avril 2001, Harel Insurance Company Ltd c/ Daewoo Electronics France ; Paris, 5e ch., Sect. A, 23 mai 2001, Transports Poirier c/ Cointreau ; Cass., 1ère civ, 9 oct. 2001, Souscripteurs de Lloyd's de Londres c/ sté Protectas et autres ; Rouen, 2e civ., 25 oct. 2001, Union Guinéenne d'Assurance et Réassurance c/ SCAC, in DMF 2002, 270

Jean-François TANTIN à rédiger une étude intitulée "***Droit d'action de l'assureur subrogé : pièges et parades***"[34]. Cette étude a ouvert "***la boîte de Pandore et tous les malheurs se sont abattus sur le monde de l'assurance***"[35]. Et, "***quand on ouvre la boîte de Pandore, c'est le cheval de Troie qui sort…***"[36]. Depuis lors, il n'y a quasiment pas une procédure qui ne commence sans que le défendeur n'évoque le défaut de qualité à agir de l'assureur subrogé[37].

Or, en matière de recours de l'assureur subrogé, la question n'est pas tant de savoir si ce dernier a qualité, mais s'il a intérêt, cet intérêt dérivant naturellement du paiement de l'indemnité d'assurance.

En effet, l'article 705 du Code communautaire de la marine marchande de 2012[38], texte de référence en cette matière, se borne à énoncer que :

"***L'assureur qui a payé l'indemnité d'assurance acquiert, à concurrence de son paiement, tous les droits nés des dommages qui ont donné lieu à garantie***".

Ainsi, contrairement au texte en vigueur en matière d'assurance terrestre, l'article 42 du Code CIMA - qui parle expressément de

[34] Jean-François Tantin, "Droit d'action de l'assureur subrogé : pièges et parades", étude publiée à la revue de référence dénommée "Le Droit Maritime Français" en 2002 (pp. 803 et ss.).

[35] Jean-François Tantin, La subrogation : 7 ans de réflexion, in DMF 2009, 117.

[36] M. Tilche, Recours de l'assureur : le chemin de croix, in BTL 2009, 410.

[37] Dans la même veine : M. Tilche, Assurances : Démêlés judiciaires, in BTL 2009, 73. La remarque vaut, mutatis mutandis, devant les juridictions camerounaises, en particuliers devant celles de la ville de Douala (TGI et cour d'appel). Voir notamment : TGI Douala, jugement n° 329/Com, 19 nov. 2013, Chanas Assurances c/ SDL Logistique International, Armement Nile Dutch Africa, DIT S.A., Socomar et Sapam Cameroun, navire "NDS Progress" (inédit), confirmé par un arrêt de la Cour d'appel du Littoral à Douala rendu le 17 mai 2019 ; TGI Douala, jugement n° 330/COM, Activa Assurances c/ Armement Nile Dutch Africa, navire "NDS Provider", jugement confirmé en toutes ses dispositions par la Cour d'appel, suivant arrêt rendu le 19 fév. 2019.

[38] Dans le Code communautaire de la marine marchande de la CEMAC de 2001, la question était réglée par l'article 514, texte visé par les décisions rendues avant le 22 juillet 2012, date d'adoption et d'entrée en vigueur du Code actuel. L'article 705 de ce dernier outil n'est guère que la reproduction littérale de cet article.

"***subrogation de l'assureur***"[39], le texte maritime précité (art. 705, Code CEMAC) ne se réfère pas expressément à la subrogation, mais vise **une "*acquisition*" par l'assureur des droits de l'assuré**, laquelle est consécutive à l'indemnisation effectuée entre les mains de l'assuré. C'est dire, en rigueur de termes, que l'article 514 du Code communautaire de la marine marchande ne précise, en aucune façon, le mécanisme ou la technique juridique par laquelle l'assureur vient aux droits de l'assuré indemnisé.

Cependant, l'on ne peut nier que le mécanisme juridique par lequel l'assureur maritime acquiert les droits de son assuré est la subrogation, laquelle est sous-jacente dans le texte maritime. La subrogation est définie, en droit civil, comme l'opération qui substitue une personne ou une chose à une autre (subrogation personnelle et subrogation réelle), le sujet ou l'objet obéissant au même régime juridique que l'élément qu'il remplace. Dans le paiement, la subrogation transmet à son bénéficiaire (assureur subrogé), dans la limite de ce qui a été payé (indemnité d'assurance), la créance et ses accessoires, à l'exception des droits exclusivement attachés à la personne du créancier (assuré)[40].

L'assiette de la subrogation est donc la dette de réparation du tiers responsable envers de l'assuré-victime. Cette dette en détermine la nature et l'étendue. En effet, par l'indemnisation de l'assuré-victime, l'assureur est véritablement mis à la place de ce dernier dans son action en responsabilité contre le tiers responsable. L'assureur exerce l'action même de la victime et, par suite, se trouve assujetti par les règles qui lui sont applicables. L'effet translatif de la subrogation a pour corollaire de transférer à l'assureur subrogé la créance de l'assuré subrogeant (ou de la tierce victime) contre le tiers responsable avec tous ses accessoires, de sorte que, si cette

---

[39] L'article 42 du Code CIMA est la copie textuelle de l'article L121-12 du Code des assurances en France, texte qui dispose que : "***L'assureur qui a payé l'indemnité d'assurance est subrogé, jusqu'à concurrence de cette indemnité, dans les droits et actions de l'assuré contre les tiers qui, par leur fait, ont causé le dommage ayant donné lieu à la responsabilité de l'assureur***".

[40] "Lexique des termes juridiques", sous la direction de S. Guinchard et T. Debard, 29e éd., Dalloz 2021-2022, p. 1005.

créance porte intérêts moratoires ou conventionnels au profit du subrogeant, les intérêts pourront être réclamés par l'assureur subrogé[41].

Cela dit, les conditions de recevabilité de l'action subrogatoire ont été clairement précisées, au fil des années, par la jurisprudence qui s'est montrée d'une implacable rigueur. Ces conditions n'étant pas toujours aisées à remplir, l'assureur faculté s'est souvent trouvé en porte-à-faux avec les exigences textuelles, en l'état de l'appréciation éminemment sévère de ces exigences par les tribunaux.

Pour conjurer les obstacles légaux qui brident l'exercice de son recours subrogatoire, les assureurs ont imaginé d'invoquer d'autres fondements juridiques à leur action, ont trouvé des parades. Et cette démarche a trouvé grâce auprès de la jurisprudence qui, enhardie par la doctrine[42], a fini par tempérer sa rigueur classique, d'autant que les textes sur la subrogation, tant en transport maritime qu'en transport terrestre, ne sont pas impératifs, d'ordre public, la doctrine reconnaissant aux parties une simple faculté quant à l'exercice par l'assureur des droits de son assuré, droits que l'assureur peut, par convention, renoncer à exercer[43].

Ainsi, si la subrogation légale du droit maritime apparaît comme la voie royale permettant à l'assureur d'être défrayé de ce qu'il a déboursé au titre de l'indemnité d'assurance (I), force est néanmoins de relever que des voies d'évitement, non moins efficaces, existent pour tempérer l'extrême rigueur de la jurisprudence et permettre à l'assureur de parvenir à ses fins (II).

---

[41] Cass. 1ère civ., 3 mai 1978, in D. 1980, jurispr., p. 107 ; sur la question, voir aussi : J. Bonnard, "Droit des assurances", 4e éd., LexisNexis 2012, p. 228, n° 555.

[42] J. F. Tantin, La subrogation : 7 ans après, in DMF 2009, pp. 117 et ss. ; Ph. Delebecque, DMF 2007, n° 679 ; P. Bonassies, La jurisprudence des tribunaux de l'ordre judiciaire et la jurisprudence arbitrale en matière d'action des assureurs facultés contre le transporteur, in Gaz. CAMP n° 1, p. 2 ; P. Bonassies, DMF 2003 HS n° 7.

[43] J. Bonnard, Droit des assurances, 4e éd. LexisNexis 2012, p. 224, n° 545 ; Ph. Delebecque, in DMF 2007, n° 679 ; J. F. Tantin, La subrogation : 7 ans après, op. cit., p. 123 in fine ; M. Tilche, Recours de l'assureur : Desserrer l'étau ? in BTL 2021, 629, qui relèvent le caractère supplétif des articles L. 121-12 et L. 172-29 du Code des assurances – sur la subrogation l'gale - dont l'article 705 du Code CEMAC de la marine marchande n'est qu'un clone.

I- LA SUBROGATION LEGALE DU DROIT MARITIME, VOIE ROYALE PERMETTANT A L'ASSUREUR FACULTES QUI A INDEMNISE UN SINISTRE DE RECOURIR CONTRE L'AUTEUR PRESUME DU DOMMAGE

C'est la subrogation instituée par le texte spécial, à savoir l'article 705 du Code communautaire de la marine marchande, texte qui énonce que :

"***L'assureur qui a payé l'indemnité d'assurance acquiert, à concurrence de son paiement, tous les droits nés des dommages qui ont donné lieu à garantie***".

Cet article conditionne l'action subrogatoire de l'assureur au paiement de l'indemnité d'assurance. Toutefois, de manière générale, la jurisprudence interprète très rigoureusement la loi sur la subrogation de l'assureur maritime, notamment en y ajoutant une condition supplémentaire, sous-jacente. Après avoir examiné les conditions de la recevabilité de l'action subrogatoire (A), nous nous pencherons sur l'accueil qui est réservé à cette action par les tribunaux. Nous nous aviserons alors de l'implacable rigueur des tribunaux dans la mise en application de ces conditions (B).

A- Les conditions de recevabilité de l'action subrogatoire

Ce texte est l'exact pendant de l'article L.172-29 du Code français des assurances, lequel a assurément inspiré le législateur CEMAC. Or, il a été jugé en France de façon constante, en application de cet article, que l'assureur qui exerce une action subrogatoire contre le responsable du dommage souffert par son assuré doit rapporter une double preuve : la preuve du paiement par ses soins de l'indemnité d'assurance à l'assuré (1) et la preuve de la légitimité du paiement (2). A défaut de quoi, l'action subrogatoire est irrecevable[44].

---

[44] Cass. com., 16 mars 2010, n° 09-12.064, F-D, SA Groupama Transport c/ sté Axa France IARD et a. : JurisData n° 2010-002199 ; Rouen, 2e ch., 21 janv. 2010, n° 09/02621, SA Rapidex SM et a. c/ Sarl Philco International et a. : JurisData n° 2010-002441, in RDT 2010, note M. Ndendé, réaffirmant la règle selon laquelle l'exercice par un assureur de l'action subrogatoire contre le responsable (et son

1- Le paiement de l'indemnité d'assurance

La preuve primaire exigée de l'assureur, aux fins de recevabilité de son action subrogatoire, est celle du paiement de l'indemnité d'assurance. En cette matière, la preuve est libre, tant en application de l'article 5 de l'Acte uniforme OHADA portant droit commercial général, que de l'article 109 du Code de commerce.

En effet, l'article 5 du texte communautaire rappelle, de façon éclatante, que :

"***Les actes de commerce se prouvent par tout moyen, même par voie électronique, à l'égard des commerçants***".

Et, au titre des actes de commerce par nature, figure à l'évidence les "***opérations d'assurance***" (art. 3, AUDCG).

Dans un sens analogue, l'article 109 du Code de commerce prévoit que :

"***A l'égard des commerçants, les actes de commerce peuvent se prouver par tous les moyens, à moins qu'il n'en soit autrement disposé par la loi***".

Du reste, la chambre commerciale de la Cour de cassation a naguère rappelé ce principe fondamental en matière de preuve du paiement de l'indemnité d'assurance.

En effet, dans un arrêt du 12 mars 2013[45], sur l'observation que le paiement est un fait juridique et non un acte juridique, ladite chambre retient que la preuve du paiement de l'indemnité d'assurance est libre, qu'elle peut être rapportée par tous moyens, et que c'est au juge du fond qu'il revient d'apprécier souverainement la valeur et la portée des éléments qui lui sont soumis.

---

assureur) du dommage souffert par l'assuré est subordonné à la preuve par lui du paiement fait à l'assuré, mais aussi à la preuve supplémentaire de la légitimité d'un tel paiement ; Cass. com., 9 févr. 2012, n° 10-26.362 et le résumé de A. Sylla, in BTL 2019, 678 ; voir aussi : Ph. Delebecque, Regard sur la subrogation, in DMF 2015, 337 et la jurisprudence citée.

[45] Navire "Oman", in DMF 2013, 828, obs. F. Le Borgne ; in BTL 2013, 192.

Elle en infère alors qu'en l'espèce, "***aucune circonstance particulière ne permet de douter de la réalité du paiement suffisamment établie par la production de la quittance et de la «dispache»***"[46]. C'est dire donc qu'en une telle occurrence, il n'y a pas lieu à contestation.

Par ailleurs, il importe peu que le paiement soit effectué dans les mains de l'assuré lui-même. Ainsi, est-il admis que le versement de l'indemnité au courtier a effet libératoire, dès lors que la réalité du paiement est établie et que quittance a été donnée[47], l'assureur devant néanmoins être en mesure de prouver que l'indemnité a été effectivement reversée après coup au bénéficiaire. A défaut de quoi, la subrogation ne peut opérer en sa faveur[48]. L'indemnité peut également être réglée à un tiers pour le compte de l'assuré[49]. En effet, en tant que bénéficiaire de la police, l'assurée est en droit d'en disposer librement. A sa demande, et pour des raisons commerciales, la somme peut donc être directement versée aux acquéreurs de la marchandise[50].

Dans la pratique, le paiement est justifié par la production d'une quittance signée de l'assuré. Pour autant, cette quittance ne constitue pas une preuve décisive. En effet, l'usage chez les compagnies d'assurance est souvent de faire précéder le versement

---

[46] Dans le sillage de cet arrêt : Aix-en-Provence, 20 fév. 2014, in Rev. Scapel 2014, p. 54 ; voir également : P. Bonassies et C. Scapel, Traité de droit maritime, op. cit., qui rappellent que "***la réalité du paiement peut être rapportée par tous moyens. Cette preuve se fait habituellement selon un mode privilégié : la production d'une quittance subrogative, reçue du paiement régularisé par l'assuré. Sauf à imaginer un faux en écriture de commerce, la production nécessaire de cette quittance devrait se révéler suffisante à établir la réalité du paiement***".

[47] Aix-en-Provence, 2e ch., 10 avril 2008, n° 06/10493, Winterthur et a. c/ CMA CGM et a., in DMF 2008, 530.

[48] Paris, pôle 5, ch. 4, 18 sept. 2015, n° 11/19576, Axa et a. c/ Sotrac et a.

[49] Paris, 5e ch., 18 oct. 2006, n° 04/14185, Liberty Maritime c/ Generali et a., in BTL 2006, 647, s'agissant d'une société cessionnaire des droits des destinataires, bénéficiaires du contrat d'assurance, et habilitée par l'acte de cession à recevoir l'indemnité versée par les assureurs ; Paris, 5e ch., 12 nov. 2003, n° 2002/01843, Axa et a. c/ Saga.

[50] Roue, ch. civ. et com., 19 janv. 2012, n° 10/04948, LTI France c/ Hyundai Marine et a.

des fonds par la signature de la quittance. Il est alors admis qu'une telle quittance, dans laquelle l'assuré reconnaît expressément avoir été défrayé de l'indemnité, suffit pour établir la subrogation de l'assureur, sans que ce dernier ait en outre à justifier du règlement.

Mais, ainsi que nous le verrons infra, la jurisprudence n'est pas toujours en ce sens, faisant parfois montre d'une escalade de rigueur, d'un regain de sévérité hors de saison et dénué de tout fondement légal[51], notamment en exigeant la production de la copie du chèque règlement[52] ou de l'extrait de compte bancaire établissant le virement. Ce principe est également valable en matière de coassurance où il est admis, conformément à l'article 1236 du Code civil[53], que l'apériteur peut valablement verser l'indemnité au nom et pour le compte de la coassurance. En pareille occurrence, lorsque le règlement intervient dans le cadre de la police, les co-assureurs,

---

[51] A titre d'exemple : TGI Douala, jugement n° 329/Com, 19 nov. 2013, Chanas Assurances c/ SDV Logistique International, Armement Nile Dutch Africa, DIT S.A., Socomar et Sapam Cameroun, navire "NDS Progress" (inédit), qui retient que, "***s'agissant du paiement effectif, la quittance de règlement brandie comme un trophée de guerre ne suffit pas pour prouver l'indemnisation dont le recouvrement est poursuivi. La demanderesse doit, comme le prescrit l'article 3 du Règlement CEMAC relatif aux instruments de paiement, produire la photocopie de l'effet de commerce ou du chèque émis à l'ordre de la SCR MAYA. Ce texte communautaire est une exception à la liberté des preuves dominant le droit commercial***". Au-delà de toute espérance, ce jugement a été confirmé par un arrêt de la Cour d'appel du Littoral à Douala rendu le 17 mai 2019.

[52] Rouen, 2e ch., 13 sept. 2001, navire "Maya", in DMF 2002, 819, obs. J. F. Tantin, qui statue que le paiement effectif de l'indemnité n'est pas démontré, la photocopie du recto du chèque établi à l'ordre du destinataire réel, de même que l'attestation de paiement de l'indemnité reçu en blanc par le courtier ne prouvant pas que le chèque ait été effectivement remis à son bénéficiaire et encaissé par celui-ci ; TGI Douala, jugement n° 342, 12 sept. 2017, aff. Société Allianz Cameroun S.A. c/ Armement Bremen Overseas Chartering and Shipping GmbH et Bolloré Africa Logistics (inédit), qui reconnaît à Allianz Cameroun la qualité à agir, non sans avoir préalablement relevé que cet assureur a effectué le paiement du sinistre à SABC (Société Anonyme des Brasseries du Cameroun) par chèques n°s 4907316 et 4907317 du 24 août 2011.

[53] Selon l'article 1236 du Code civil, "***une obligation peut être acquittée par toute personne qui y est intéressée, tel qu'un coobligé ou une caution. L'obligation peut même être acquitté par un tiers qui n'y est point intéressé, pourvu que ce tiers agisse au nom et en l'acquit du débiteur, ou que, s'il agit en son nom propre, il ne soit pas subrogé aux droits du créancier***".

qui au surplus produisent le chèque de règlement et la quittance subrogatoire, sont en droit d'agir sur le fondement de la subrogation légale[54].

A noter cependant que, lorsque l'assureur exerce une action récursoire ou un recours en garantie, toute chose qui suppose qu'il est lui-même déjà poursuivi à titre principal, son recours est recevable alors qu'il n'a pas encore formellement indemnisé son assuré. C'est du moins en ce sens qu'a statué la chambre commerciale de la Cour de cassation, au visa de l'article 1251 du Code civil, dans un arrêt du 4 janvier 1994[55] :

"***Pour déclarer irrecevable l'action en garantie exercée par les assureurs à l'encontre du transporteur maritime, l'arrêt retient que les assureurs ne sont pas subrogés dans les droits de l'assuré, non indemnisé ;***

Mais, en statuant ainsi, alors que, par la même décision, elle a condamné les assureurs à indemniser la société Matech sur le fondement du contrat d'assurance, et qu'en conséquence, les assureurs étaient légalement assurés dans les droits de l'assuré, la Cour d'appel a violé le texte légal susvisé".

Autrement dit, si la subrogation légale de l'assureur est en principe subordonnée au paiement effectif de l'indemnité à l'assuré, la jurisprudence admet que la subrogation joue et que, par voie de corollaire, l'action en garantie est recevable lorsque la décision qui statue sur l'action principale condamne l'assureur à indemniser l'assuré.

---

[54] Paris, Pôle 2, ch. 5, 24 mars 2015, RG n° 14/11119, SAS Transport Delaloy et a., in BTL 2015, 269, qui retient que "***la subrogation légale des assureurs intimés au titre d'une indemnité versée en exécution d'une police d'assurance est établie et ceux-ci ont qualité et intérêt pour agir***".

[55] Aff. La réunion Européenne et autres c/ Sté Somotrans et autres, in BTL 1994, 197, obs. A. Chao ; Civ. 1ère, 21 janv. 1997, in Bull. I, n° 24, selon lequel "***une partie assignée en justice est en droit d'en appeler une autre en garantie des condamnations qui pourraient être prononcées contre elle ; une telle demande est distincte de l'action directe prévue par le Code des assurances***" ; com., 2 fév. 1999, in Bull. IV, n° 32.

De même, condamnée par le juge à indemniser son assuré sur le fondement du contrat d'assurance, l'assureur maritime sur facultés est valablement subrogé aux droits de l'assuré sans avoir à justifier du paiement préalable de l'indemnité d'assurance[56].

Par ailleurs, l'assureur peut se contenter d'un paiement partiel, dès lors qu'il a formé sa demande dans le délai de prescription, à condition toutefois que le complément du paiement intervienne avant la décision judiciaire[57].

Jugé également que l'assureur qui a payé l'indemnité contractuellement due à son assuré est légalement subrogé dans les droits de ce dernier, peu importé que ce paiement intervienne alors que l'action de l'assuré était prescrite.[58] Cette décision a reçu l'onction de la doctrine pour qui "***la solution, d'une importance pratique capitale, ...paraît juste dans la mesure où le paiement d'une dette prescrite n'est pas un paiement indu***"[59].

Le paiement de l'indemnité d'assurance est la condition nécessaire du recours de l'assureur, mais elle n'est pas suffisante. Les tribunaux exigent, en outre, que le paiement soit légitime.

2- La légitimité du paiement de l'indemnité d'assurance

Pour que la subrogation légale susvisée opère en faveur de l'assureur, il ne suffit pas qu'il ait défrayé l'assuré de l'indemnité d'assurance ; encore faut-il que ce paiement soit un paiement légitime, obligé. En effet, l'assureur ne bénéficie de la subrogation

[56] Cass. com., 11 avr. 2012, n° 10-025512, in DMF 2012, 711, obs. P. Y. Nicholas.
[57] Cass. 2ème civ., 11 sept. 2008, Sté Gefco et a. c/ Axa Corporate et a., en extrait in BTL 2008, 622 ; voir aussi : M. Tilche, Assurances : Démêlés judiciaires, in BTL 2009, 73.
[58] Cass. com., 26 jan. 2010, in BTL 2010, 75, obs. M. Tilsche.
[59] Ph. Delebecque, Vers une meilleure reconnaissance des droits des assureurs facultés, op. cit.

légale que pour autant que l'indemnisation est effectuée en exécution de ses obligations contractuelles[60] et non au titre d'un geste commercial[61].

Pour établir cette légitimité, il n'a pas d'autre planche de salut que de produire la police d'assurance. Aussi bien, a-t-il été jugé par la Cour d'appel d'Aix-en-Provence qu'en s'abstenant de communiquer la police d'assurance au cours des débats, l'assureur ne rapporte pas la preuve du "***caractère obligé de l'indemnité***" qu'il a versée et, partant, n'est pas recevable à agir sur le fondement de la subrogation légale[62], une société d'assurance ne pouvant "***invoquer le secret des affaires pour se refuser à verser aux débats la police d'assurance qui lui (aurait permis) de justifier***

---

[60] Rouen, 2e ch., 21 janv. 2010, n° 09/02621, SA Rapidex SM et a. c/ Sarl Philco International et a. : JurisData n° 2010-002441, op cit., qui retient que l'assureur facultés d'un transport outre-Atlantique ne peut bénéficier de la subrogation légale par cela seul que les indemnités prétendument versées l'ont été alors qu'il n'était pas tenu à garantie, puisque les transports à destination des Etats-Unis n'étaient pas visés dans le contrat souscrit en 1990 ; Cass. com., 3 mai 2006, Pourvoi n° 03-18014, Generali c/ Intramar, in Rev. Scapel 206, 142, qui décide que l'assureur faculté qui ayant indemnisé l'ayant droit à la marchandise, pour pouvoir bénéficier de la subrogation légale de l'article L. 121-12, est tenu de démontrer que l'indemnité a été versée en exécution de l'obligation de garantie née d'un contrat d'assurance.

[61] Cass., 1ère civ., 23 mars 1999, n° 97-11 685, in Bull Civ. I, n° 105 ; Versailles, 21 nov. 1996, in DMF 1997, 466, obs. P. Y. Nicholas, rappelant que la subrogation légale interdit aux assureurs d'exercer un recours contre les responsables de sinistre à chaque fois qu'ils consentent un geste commercial en faveur de leurs assurés.

[62] Aix-en-Provence, Ch. com. 2e, 13 avr. 2011, navire "Ocean", in DMF 2002, 815, obs. J. F. Tantin ; Paris, Pôle 5, ch. 5, 30 janv. 2020, navire "Salta", n° 17/22764, in DMF 2020, obs. C. Humann, qui statue qu'à défaut de produire les conditions générales de la police d'assurance, la compagnie d'assurance ne peut se prévaloir de la subrogation légale ; Montpellier, 19 janv. 2021, navire "Nagigator B", n° RG 18/01599, in DMF 2021, obs. A. Montas, retient que l'assureur ayant communiqué la police d'assurance, ses avenants successifs, les conditions générales, la quittance de sinistre, ainsi que la lettre-chèque adressée en règlement, il convient de la considérer subrogé dans les droits et actions de son assuré.

qu'elle était contractuellement tenue de verser l'indemnité d'assurance"[63].

Dans la même veine, la Cour d'appel de Versailles juge que l'assureur faculté, qui indemnise un dommage dont la cause fait partie des risques exclus par la police d'assurance – défaut d'emballage, ne peut bénéficier ensuite de la subrogation légale, la preuve que le risque était couvert et indemnisé en vertu d'une obligation découlant du contrat d'assurance n'étant pas rapporté[64]. Le risque doit donc être couvert par la police et, par exemple, ne pas faire l'objet d'une exclusion de garantie. A défaut de quoi, la subrogation ne pourrait trouver grâce devant le juge[65].

En revanche, dans son jugement n° 342 rendu le 12 septembre 2017[66], le tribunal de grande instance du Wouri à Douala admet la recevabilité du recours de la compagnie d'assurance sur l'observation, pour le moins pertinente, qu'il transpire du contrat d'assurance conclu entre la société Allianz Cameroun Assurances et les Brasseries du Cameroun qu'"***il sera reconduit d'année en année, par tacite reconduction, au 1er janvier de chaque année suivant la date anniversaire ; qu'il est constant que les susnommées sont toujours liées par ledit contrat en l'absence de résiliation ; qu'en conséquence, les marchandises litigieuses, transportées les 6 et 8 mars 2011 sont couvertes par ce contrat d'assurance***".

De même, dans son arrêt du 19 janvier 2021[67], la Cour d'appel de Montpellier fait une saine application de l'article L. 175-29 du Code

[63] Paris, 25e ch., 7 nov. 2003, n° 2002/04368, Reebok France et a. c/ Graveleau et a., estimant que les conditions de la subrogation légale n'étaient pas réunies.
[64] Versailles, 12e ch., Sect. 2, 8 nov. 2001, navire "Transmodal", in DMF 2002, 824, obs. J. F. Tantin.
[65] Aix-en-Provence, 2e ch., 30 oct. 2014, n° 12/21510, Axa CS et a. c/ Rhodanienne de Transit et a. ; Paris 5e ch. A, 24 sept. 2008, n° 06/01514, Generali et a. c/ Calberson et a., in BTL 2008, 734.
[66] Aff. Société Allianz Cameroun S.A. c/ Armement Bremen Overseas Chartering and Shipping GmbH et Bolloré Africa Logistics (inédit), op. cit.
[67] Montpellier, Ch. com., 19 janv. 2021, navire "navigator B", in DMF 2021, 755, obs. A. Montas.

des assureurs, texte qui a remplacé l'article L.172-29 de ce même Code[68]. Pour cette juridiction, l'assureur ayant communiqué la police d'assurance, ses avenants successifs, les conditions générales, la quittance de sinistre par lequel l'assuré reconnaît avoir été désintéressé, ainsi que la lettre-chèque adressée en règlement du sinistre, il échait de le considérer subrogé dans les droits et actions de son assureur.

Il reste cependant que cette orthodoxie exprimée par certaines décisions n'est pas la chose la mieux partagée. Car, la jurisprudence a évolué dans le sens d'une implacable rigueur.

B- L'implacable rigueur des tribunaux dans la mise en application de la subrogation légale du droit maritime : une jurisprudence rigoriste

En la matière, la pathologique intransigeance de la justice étatique détonne étrangement la relative bienveillance de la justice arbitrale, bien qu'au final il n'y ait pas de "fossé culturel" entre les deux justices[69]. Cette bienveillance est aussi observée chez certains juges camerounais, lesquels se montrent très accueillants à l'égard des assureurs, attitude qui au demeurant a provoqué l'ire d'un certain commentateur[70] qui relève "***l'impertinence et la démesure des magistrats camerounais sur la question***". On a également dénoncé une "***dérive malsaine***" en la matière[71]. Pour autant, il

---

[68] Voir art. 8 de l'Ordonnance n° 2011-839 du 15 juillet 2011 relative aux assurances en matière de transport. Cette nouvelle version est en vigueur depuis le 1er juillet 2012.

[69] Ph. Delebecque, Vers une meilleure reconnaissance des droits de l'assureur facultés, op. cit., p. 1, qui relève que les arbitres ont su déjouer ce qui, souvent, relevait du dilatoire en admettant la recevabilité des actions dès l'instant que les éléments du dossier permettaient d'avoir la conviction que les indemnités avaient été bel et bien payées en application des clauses de la police ; P. Bonassies, La jurisprudence des tribunaux de l'ordre judiciaire et la jurisprudence arbitrale en matière d'action des assureurs facultés contre le transporteur, op. cit., p. 4.

[70] A. Kenguep, Le recours subrogatoire de l'assureur maritime des facultés à l'importation en droit camerounais et communautaire des transports : juges, soyez vigilants !, in Rev. Afr. Aff. Mar. Transp., août 2014, n° 6, éd. L'Harmattan, p. 26.

[71] J. F. Tantin, Le droit d'action de l'assureur subrogé: pièges et parades, op. cit., p. 803.

demeure que la jurisprudence a davantage évolué dans le sens d'une sévérité évidente que dans le sens de la complaisance.

Cette rigueur s'observe aussi bien dans l'appréciation de l'exigence de paiement préalable (1) de l'indemnité que dans la mise en œuvre de la condition de la légitimité du paiement (2).

1- Rigueur dans l'appréciation de l'exigence de paiement préalable

Ainsi qu'il a été relevé ci-devant, l'assureur doit, "prima facie", établir la réalité du paiement, notamment par la médiation de la copie des chèques de règlement et bordereaux bancaires[72], l'effectivité du paiement pouvant se déduire de l'endossement du chèque par son bénéficiaire[73].

Mais, au-delà de toutes prévisions, la jurisprudence se montre éminemment sévère dans l'appréciation de cette exigence. L'étude de notre Confrère parisien intitulée "La subrogation : 7 ans de réflexion"[74] est assez symptomatique de cette implacable rigueur, taxé à juste raison d'"égarement". A titre d'illustration, dans un arrêt rendu le 20 novembre 2008[75], la Cour d'appel de Versailles considère, sans barguigner, que la compagnie Helvetia, qui avait payé l'indemnité d'assurance, ne justifiait pas venir aux droits de l'apériteur British & Foreign et que la compagnie Allianz, qui elle justifiait de sa qualité de co-assureur, n'établissait par contre pas que le règlement effectué par la compagnie Helvetia l'avait été pour le compte de la coassurance. Comme l'observe, non sans pertinence, notre confrère parisien, "***il s'agit d'un raisonnement « en roue de bicyclette » de sorte que l'assuré aurait reçu son chèque du Saint-Esprit...***".

---

72 Paris, pôle 5, ch. 5, 27 juin 2013, n° 11/04472, Chartis Europe c/ Helvetia Assurances et a., cité in Lamy Transport, tome 2, éd. Wolters Kluwer 2016, p. 299, n° 566.

73 Aix-en-Provence, 2e ch., 20 fév. 2014, n° 12/02736, CMA CGM c/ Ace European Group Ltd et a., ibid.

74 J. F. Tantin, op. cit., p. 117.

75 BTL 2008, n° 3249.

De même, dans son arrêt rendu le 13 septembre 2001[76], la Cour d'appel de Rouen retient que le paiement de l'indemnité n'est pas établi, dès lors que la photocopie du recto du chèque établi à l'ordre du destinataire réel, de même que l'attestation de paiement de l'indemnité reçue en blanc par le courtier, ne prouvent pas que le chèque ait été effectivement remis à son bénéficiaire et encaissé par celui-ci. C'est aller un peu trop loin dans le procès d'intention, la méfiance à l'égard de l'assureur étant à son comble.

Pareillement, dans un arrêt du 16 mars 2010[77], la Chambre commerciale de la Cour de cassation retient que, faute de n'avoir produit "***ni photocopies de chèque ou ordres de virement, ni relevés de compte qui prouveraient de manière incontestable l'effectivité des paiements par la société Groupama***...", cette dernière n'avait pas rapporté la preuve du paiement emportant subrogation pour la somme de 32 059,13 euros qu'elle réclamait et que, par conséquent, c'est à bon droit que les juges d'appel ont retenu que la légitimité de l'action subrogatoire n'était pas rapportée[78].

Les juges français paraissent avoir infecté certains de leurs homologues camerounais avec le venin malicieux de leur appréciation outrancière des textes régissant la subrogation légale. En effet, dans le sillage de ses pairs de l'Hexagone, le juge camerounais ne fait pas moins preuve de défiance à l'égard de l'assureur dans l'appréciation de l'exigence de paiement dans le cadre de son recours subrogatoire. C'est ainsi que, dans son jugement n° 330/COM rendu le 19 novembre 2013[79], la chambre commerciale du tribunal de grande instance du Wouri à Douala a statué que :

---

[76] Op. cit.

[77] Cass. Com., 16 mars 2010, n° 09-12.064, F-D, SA Groupama Transport c/ sté Axa France IARD et a., op. cit.

[78] Cet arrêt est qualifié par son commentateur susnommé de "rigoureusement orthodoxe". Voir : M. Ndendé, op. cit., p. 23.

[79] Aff. Activa Assurances S.A. c/ l'armement Nile Dutch Africa Line, sté Douala International Terminal (DIT), sté Geodis Overseas Cameroun et Société Camerounaise d'Opérations Maritimes (inédit).

"S'agissant du règlement effectif, la quittance de règlement brandie comme un trophée de guerre ne suffit pas pour prouver l'indemnisation dont le recouvrement est poursuivi ; la demanderesse doit, comme le prescrit l'article 3 du Règlement CEMAC relatif aux instruments de paiement, produire la photocopie de l'effet de commerce ou du chèque émis à l'ordre de la SCR Maya ; ce texte est une exception à la liberté des preuve dominat le droit commercial ; d'une part, Activa refuse de se soumettre à cette disposition légale et, d'autre part, l'acte de subrogation dressé le 8 mai 2005, avant le dépôt du rapport d'expertise et même la quittance de paiement établi quatre mois plus tard (5 sept. 2005), contient les montants arrêtés par l'homme de l'art, ce qui crée un sérieux doute sur l'effectivité du paiement ; l'ensemble de ces vices de forme expose l'action à l'irrecevabilité et empêche l'examen du droit substantiel".

Sur appel de la compagnie d'assurance, suivant religieusement le tribunal dans son argumentation, la Cour d'appel du Littoral à Douala a, suivant arrêt rendu le 17 mai 2019, confirmé le jugement entrepris en toutes ses dispositions.

Cet arrêt ne saurait échapper à la vitupération par cela seul que, pour rejeter le recours subrogatoire de l'assureur, le tribunal retient que la preuve du paiement de l'indemnité d'assurance, qui fonde le droit d'action de l'assureur, doit être rapportée "***conformément à l'article 3 du Règlement n° 02/03/CEMAC/UMAC/CM relatif aux systèmes, moyens et incidents de paiement en zone CEMAC qui impose l'obligation de payer en monnaie scripturale***".

Or, il transpire indéniablement de l'article 2 du Règlement en question que seuls les établissements de crédit, les services de chèques postaux, le Trésor public, la BEAC (Banque Centrale) et les autres établissements agréés, qui émettent des monnaies de paiement, sont assujetties à l'obligation de payer par moyen scriptural.

Il s'ensuit, par voie de corollaire, que Chanas Assurances S.A., qui est une compagnie d'assurance et non un établissement de crédit assimilé, n'est pas assujettie à cette obligation de paiement par monnaie scripturale.

En tout état de cause, le Règlement CEMAC, qui n'est guère qu'un texte supranational s'appliquant aux Etats de l'Afrique centrale, ne peut, en aucune façon et sous aucun prétexte, supplanter l'Acte uniforme OHADA sur le droit commercial général et le Code de commerce, en l'état de l'autorité manifeste reconnu à ces deux textes, qui admettent, sans conteste, le principe de la liberté de preuve en matière commerciale, principe rappelé récemment, avec entrain, par la Cour de cassation française[80].

Le même jour, le tribunal de grande instance du Wouri à Douala a rendu un jugement qui se montre, pareillement, excessif à l'endroit de l'assureur dans les termes ci-après :

"En tout état de cause, les prétendus moyens de preuve de Activa Assurances S.A. ne suffisent pas à établir le paiement préalable requis par l'article 514 susvisé ; non seulement il n'en ressort ni la date du supposé paiement, ni même le mode de paiement, mais en outre, le numéro de la police figurant sur la dispache est par trop différent de celui ressortant du contrat d'assurance ; en outre la désignation des assurés n'est pas non plus en reste, car on a Printpack et Sodicam d'autre part ; il est tout aussi curieux qu'une quittance de règlement de sinistre contenant subrogation soit délivrée le 5 septembre 2005 alors même que, quatre mois plus tôt, était intervenu un acte de subrogation aux termes duquel l'assuré, donc Sodicam, reconnaissait avoir déjà reçu la somme de 15 183 344 F CFA de Activa Assurances S.A. ; il est certain que, si le paiement était intervenu effectivement le 8 mai 2005, la quittance serait émise à la même date et n'attendrait pas quatre mois ; le tribunal de céans se rendra à l'évidence que

[80] Cass. com., 12 mars 2013, Navire "Oman", op. cit., qui, se fondant sur le fait que le paiement est un fait juridique et non un acte juridique, admet le postulat de la liberté de preuve en matière de paiement de l'indemnité d'assurance.

cet acte de subrogation, datée du 8 mai 2005, est même antérieur à la transmission par l'expert du rapport constatant l'existence et l'étendu des dommages à Activa Assurances S.A. ; cet empressement de l'assureur à payer l'indemnité d'assurance, avant même réception du rapport d'expertise, n'est-il pas surprenant ? Sauf à croire que ces documents ont été simplement fabriqués pour les besoins de la cause ; en l'absence de pièce de paiement établissant sa date et son mode, le tribunal de céans constatera indubitablement l'absence de paiement et déclarera l'action de Activa Assurances S.A. irrecevable pour défaut de qualité et d'intérêt".

Il faut cesser de diaboliser les compagnies d'assurance. Tantôt, on leur reproche d'indemniser les sinistres à l'élastique, tantôt de régler beaucoup trop facilement les indemnités, comme si l'assureur faisant œuvre philanthropique ou de charité.

2- Rigueur dans la mise en œuvre de l'exigence de légitimité

Pour s'assurer de la régularité du paiement au regard de la police d'assurance, le juge doit scruter ladite police, toute chose qui contraint l'assureur à produire le contrat d'assurance. Pour autant, certains tribunaux vont beaucoup trop loin dans l'appréciation de cette exigence. A titre exemplatif, dans un arrêt du 26 avril 2007 (inédit)[81], la Cour d'appel de Paris a considéré que la production d'un avenant de régularisation signé par les parties et se référant au numéro de la police, ayant pour objet la régularisation des primes dues pour la période couvrant le sinistre, ne suffisait pas à pallier l'absence de production du contrat signé comportant l'énoncé des obligations de l'assureur et les conditions à réunir pour que le paiement qu'il avait effectué fût regardé comme un paiement obligé. En toute rigueur de termes, la Cour a estimé que l'exemplaire non signé d'une police d'assurance, dont il n'était pas contesté qu'il justifiait du paiement obligé, pouvait être différent de l'exemplaire

---

[81] Cet arrêt est cité par J. F. Tantin dans son étude intitulée : La subrogation, 7 ans de réflexion, op. cit., p. 119.

régularisé. C'est décrédibiliser, affubler les compagnies d'assurance de la tunique du diable. Tout se passe ***"comme si les assureurs avaient pour pratique de rédiger des clauses différentes selon les exemplaires de leur police…*[82]"**.

Fidèle à sa rigueur habituelle, la Cour d'appel de Paris refuse d'admettre l'assureur au bénéfice de la subrogation légale sur la base de la considération que la production d'une police d'assurance en langue allemande, non traduite dans son intégralité, ne justifie pas l'étendue de la garantie souscrite[83].

Pour sa part, dans une affaire concernant des disparitions répétées de marchandises sur le même trajet, le tribunal de commerce de Marseille, enfonçant le clou, a retenu que les conditions de la subrogation légale n'étaient pas réunies en raison de la disparition de l'aléa[84], laquelle avait rendu la garantie sans objet. Dans l'opinion des juges consulaires marseillais, "***les assureurs ne couvraient des risques aléatoires, c'est-à-dire dépendant du hasard, mais des risques certains***". Cette décision ne résiste pas à l'analyse dans la mesure où l'aléa s'apprécie au moment de la formation du contrat et non pendant son exécution[85].

La démesure décriée ci-devant se retrouve chez certains juges camerounais. C'est ainsi que, dans son jugement n° 330/COM[86], pour déclarer l'action de l'assureur facultés Activa Assurances S.A. irrecevable, le tribunal de grande instance du Wouri à Douala a statué que :

"S'agissant de l'assurance, la police matérialisant le consensualisme doit être valide, c'est-à-dire contenir deux

---

[82] J. F. Tantin, ibid.

[83] Paris, 18 avril 2019, n° 16/16494, SA Helvetica Compagnie Suisse d'Assurance et a. c/ sté Basler Securitas Versicherings AG et a., in BTL 2019, 253.

[84] Trib. Com. Marseille, 26 sept. 2008, Ace European et a. c/ Daher et a., in BTL 2008, 619.

[85] En ce sens, Le Lamy Transport, tome 2, op. cit., p. 300, n° 567 in fine ; J. F. Tantin, La subrogation, 7 ans de réflexion, op. cit., pp. 120-121.

[86] Aff. Activa Assurances S.A. c/ l'armement Nile Dutch Africa Line, sté Douala International Terminal (DIT), sté Geodis Overseas Cameroun et Société Camerounaise d'Opérations Maritimes, op. cit. ;

signatures tant sur le contrat initial que sur l'acte matérialisant son renouvellement par tacite reconduction ; en l'espèce, la demanderesse n'a pas produit aux débats une convention conforme à ces exigences légales, ce qui contraste d'ailleurs avec les termes de m'alinéa b du titre « Documents à fournir en cas de sinistre » de la police produite".

D'une sévérité extrême, cette décision paraît viscéralement attachée à un formalisme excessif faisant peu de cas de la liberté de preuve retenue en droit commercial. Aussi bien, est-il admis que l'action des assureurs subrogés dans les droits du chargeur est recevable dès lors qu'il prouve l'existence d'un contrat d'assurance, même non signé par leur assuré, et d'un paiement par la communication de la copie du chèque de règlement[87].

Le même jour, la même juridiction a rendu le jugement n° 329/COM[88] qui confine à un tsunami juridico-judiciaire. En effet, pour déclarer irrecevable l'action de la compagnie CHANAS Assurances S.A., le tribunal retient :

"***La police d'assurance n° 5204-889N, à échéance du 1er janvier 1998, émise en couverture des facultés n'avait plus cours parce que les justificatifs de son renouvellement, même par tacite reconduction comme le prévoit son contenu, ne composent pas les pièces du dossier de procédure ; le reçu de l'acquittement de la prime au moment considéré n'est pas produit, le document matérialisant l'acte de compensation établi le 19 septembre 2005, témoignant de ce que le jour de l'expédition des marchandises (10 juin 2005), la cargaison n'était pas assurée ; l'avenant du 16 juin faisant de la demanderesse apéritrice à 100% en remplacement de AXA ASSURANCES CAMEROUN (ex CCAR) n'est pas signé de l'ancien co-assureur et ne contient aucun élément, concernant la réduction ou mieux la force obligatoire des volontés***

[87] Aix-en-Provence, 2e ch. com., 1er avril 2003, Mediterranean Shipping Company c/ AIG Europe, Silvio de Luca, Intramar Acconage, Sud Containers et M. Gamez, in Revue Scapel 2003, 59.

[88] Chanas Assurances c/ SDV Logistique International, Armement Nile Dutch Africa, DIT S.A., Socomar et Sapam Cameroun, navire "NDS Progress", op. cit.

puisqu'il prenait effet le 1er juillet 2000 et échait le 1er juillet suivant, et sa reconduction tacite devait être matérialisée par tout document signé contradictoirement, comme le veulent les usages en la matière ; les facultés litigieuses n'ont pas été déclarées en aliment comme l'exigent les volontés des contractants dans la police non valide dont s'agit ; la quittance de règlement ne peut à elle seule sous-tendre le droit à la subrogation de CHANAS ; les états comptables et financiers susceptibles de fonder le droit de la demanderesse ne figurent pas au dossier ; aucun élément des débats ne matérialise le trait d'union entre les facultés maritimes numéro 5204-889N et l'avenant numéro 22/1335 ; face à l'inexistence d'une convention valide liant la demanderesse à ASR MAYA le jour de l'incident, l'article 514 du Code communautaire révisé susvisé ne trouve pas son champ d'application en l'espèce ; dès lors, le défaut de qualité de cette plaideuse à ester ses adversaires en justice rend son action irrecevable".

Il s'agit d'une véritable inquisition à l'endroit de l'assureur qui outrepasse manifestement les exigences légales. La quittance de règlement de l'indemnité ayant été produite, l'assureur était en droit de bénéficier de l'une des alternatives à la subrogation légale, à savoir la subrogation légale de droit commun de l'article 1251 alinéa 3 du Code civil, à défaut de se prévaloir de la subrogation conventionnelle. Comme l'a relevé fort à propos notre confrère parisien[89], "***plutôt que de se complaire dans des considérations fumeuses, il serait plus judicieux de revenir à l'essentiel, c'est-à-dire à l'équité. L'assureur qui a payé le dommage doit pouvoir recourir contre le responsable du dommage***". Aussi bien, cette position est-elle inspirée par le professeur Pierre Bonassies, qui a rappelé, non sans raison, que "***la subrogation est fondée sur l'équité***" et qu'elle "***doit être mis en œuvre dans un esprit d'ouverture et non dans un esprit de rigueur***[90]".

Le plus important, au final, est de déterminer si les opérateurs de transports mis en cause sont responsables et de chiffrer le montant

[89] J. F. Tantin, La subrogation, 7 ans de réflexion, op. cit., p. 122.
[90] P. Bonassies, DMF 2003 HS n° 7.

de la réparation dû du chef de la mauvaise exécution du contrat de transport. Cette responsabilité établie, les auteurs des dommages doivent défrayer la victime. "***Il ne faut pas que les « technicités » procédurales fassent obstacle à cette réparation, assurant au transporteur une immunité que rien ne justifie. Tout au plus, faut-il s'assurer que le transporteur n'est pas exposé à une double réparation, ce qui, à ce jour, n'a jamais posé problème***[91]".

Fort heureusement que cet égarement, qui induit certains juges à faire le procès de l'assureur-victime, n'est pas l'apanage de tous les juges. Certains sont restés très raisonnables en ce confinant dans les limites fixées par les textes[92].

Devant l'intransigeance des tribunaux dans la mise en application du texte de droit maritime, par la médiation de leurs Conseils, les assureurs ont fait preuve d'imagination et ont songé à des voies d'évitement.

II- DES VOIES D'EVITEMENT DESTINEES A TEMPERER L'EXTREME RIGUEUR JURISPRUDENTIELLE

Il s'agit des institutions au secours de l'assureur qui a réglé un sinistre, mais ne peut malheureusement pas bénéficier de la subrogation légale du droit maritime en raison d'un obstacle diriment, notamment le fait que l'indemnisation de l'assuré a été effectuée au titre d'un geste commercial et non en exécution d'un contrat d'assurance. Ces institutions sont les autres formes de subrogation (A). Mais, à côté d'elles, il existe d'autres pistes d'action au secours de l'assureur (B).

---

[91] P. Bonassies et C. Scapel, Traité de droit maritime, 3e éd. 2016, LGDJ, p. 834, n° 148 in fine.

[92] Aix-en-Provence, 2e ch. com., 1er avril 2003,op. cit. ; Cass. com., 22 sept. 2009 (2 arrêts : n° 08-17.554 et 08-17.555), qui précisent, s'agissant de la subrogation légale, que si l'assureur doit démonter qu'il était tenu contractuellement de régler l'indemnité en exécution de la police, cette exigence ne doit pas être prise au pied de la lettre et que les juges peuvent se faire eux-mêmes une religion de la raison justifiant le paiement de l'assureur.

A- Les autres formes de subrogation

La subrogation légale de la loi maritime est celle qui est prioritairement invoquée. Mais, du fait que les conditions de son implémentation confinent au mythique labyrinthe du Minotaure, l'assureur est tenté d'appeler à la rescousse les autres formes de subrogation, à savoir la subrogation légale de droit commun (1) et la subrogation conventionnelle (2).

1- La subrogation légale du droit commun

Elle résulte de l'article 1251 alinéa 3 du Code civil qui dispose que :

"La subrogation a lieu de plein droit au profit de celui qui, étant tenu avec d'autres ou pour d'autres au paiement de la dette, avait intérêt de l'acquitter".

Il s'agit, de fait, d'une subrogation dans les droits de la victime et non pas nécessairement dans les droits de l'assuré.

L'assureur n'a donc pas besoin de justifier que son paiement est intervenu en application des conditions de la police. Il lui suffit de démontrer qu'il a, par son paiement, libéré envers l'assuré, le co-responsable, l'auteur du dommage.

En effet, la jurisprudence accorde aujourd'hui le bénéfice de la subrogation à celui qui paie une dette dont il est seul tenu envers le créancier, mais dont il n'est pas le débiteur définitif[93]. Plus précisément, celui qui s'acquitte d'une dette qui lui est personnelle peut prétendre au bénéfice de la subrogation, lorsqu'il a, par son paiement, libéré envers leur créancier commun celui sur qui doit peser la charge définitive de la dette[94].

---

[93] Cass. 1ère civ., 27 mars 2001, in Bull civ., I, n° 90

[94] Cass. 1ère civ., 17 juin 2003, in RGDA 2003, 710, note Mayaux ; Cass. com., 2 juin 2004, in D. 2004, 2492, note I. Bon-Garcin ; Versailles, 12e ch., 8 nov. 2016, n° 15/03262, in DMF 2017, 326, qui statue que "***celui qui s'acquitte d'une dette qui lui est personnelle peut néanmoins prétendre bénéficier de la subrogation s'il a, par son paiement, libérer envers leur créancier commun ceux sur qui doit peser la charge définitive de la dette***".

Aussi bien, la Cour de cassation accorde-t-elle le bénéfice de l'exercice de ce recours subrogatoire de droit commun, aussi bien à l'assureur de responsabilité[95], qu'à l'assureur de biens[96].

Comme le fait observer, en effet, le Professeur Philippe Delebecque[97] :

"On ne voit pas ce qui pourrait empêcher l'assureur de choisir la voie la plus favorable à ses intérêts et de se prévaloir, dans ces conditions, de la subrogation du Code civil telle qu'elle est désormais lue et peut-être relue par la jurisprudence".

Au demeurant, il est acquis, de science juridique certaine, que l'article 705 du Code communautaire de la marine marchande, à l'instar des articles L.121-12 et L.172-29 du Code des assurances français dont il n'est qu'un clone, n'est pas d'ordre public[98].

A côté de cette subrogation légale de droit commun, le Code civil prévoit également le jeu de la subrogation conventionnelle, laquelle jouit d'une autonomie par rapport à la subrogation légale.

---

95 Cass. 1ère civ., 1er fév. 2005, in RGDA 2005, 406, note Vincent.

96 Cass. 1ère civ., 27 mars 2001, in RGDA 2001, 694, note Vincent ; sur la question, voir : J. Bonnard, Droit des assurances, 4e éd., LexisNexis 2012, p. 224, n° 545 in fine, qui observe que "***ce fondement est intéressant pour l'assureur dans la mesure où les conditions d'application de l'article 1251 alinéa 3 du Code civil sont plus larges que celles de l'article L. 121-12***" – qui traite de la subrogation légale de l'assureur, l'équivalent de l'article 514 du Code CEMAC de la marine marchande.

97 Les limites de la subrogation légale, in DMF 2007, pp. 220 et ss., notamm. p. 223, n° 7 ; J. Bonnard, Droit des assurances, 4e éd., LexisNexis 2012, op. cit.

98 Cass. com., 21 oct. 2020, n° 19-16206, in DMF 2021, 18, P. Y. Nicolas ; Cass. com., 29 fév. 2000, n° 95-17400 ; Versailles, 5 fév. 2019, n° 17/05723 ; dans le même sens : J. Bonnard, Droit des assurances, op. cit., qui relève le caractère supplétif des textes sur la subrogation légale en droit des assurances, lesquels reconnaissent aux parties une simple faculté quant à l'exercice par l'assureur des droits de son assuré, droits que l'assureur peut, par convention avec son assuré, renoncer à exercer ; Ph. Delebecque, in DMF 2007, n° 679 ; J.F. Tantin, La subrogation : 7 ans de réflexion, in DMF 2009, pp. 117 et ss., notamm. 123 in fine.

2- La subrogation conventionnelle

L'indemnité versée à titre commercial par un assureur facultés, notamment parce que son client représente une part non moins importante de son chiffre d'affaire et alors même que son assuré n'a pas respecté certaines exigences de la police, par exemple les mesures de précaution imposées par la clause vol, le prive du droit de se prévaloir de la subrogation légale. Dans ce cas de figure, il doit passer sous les fourches caudines de la subrogation conventionnelle, laquelle peut se révéler d'un grand secours.

Cette subrogation est prévue par l'article 1250-1 du Code civil[99], texte qui n'exige pas que le paiement soit effectué en exécution de la police d'assurance et qui joue parfaitement en cas de paiement réalisé au titre d'un geste commercial, pourvu que le paiement ait une cause, ce qui est le cas dès lors que le dommage est avéré[100].

L'article 1250 alinéa 1er du Code civil se lit de la manière suivante :

"Cette subrogation est conventionnelle :

1° lorsque le créancier recevant son paiement d'une tierce personne la subroge dans ses droits, actions, privilèges ou hypothèques contre le débiteur : cette subrogation doit être expresse et faite en même temps que le paiement".

---

[99] Ce texte est devenu, à la suite de l'ordonnance n° 2016-131 du 10 févr. 2016 portant réforme du droit des contrats, du régime général et de la preuve des obligations, l'article 1346 § 1er du Code civil français.

[100] Ph. Delebecque, Regard sur la subrogation, op. cit., p. 338 ; P. Bonassies et C. Scapel, Traité de droit maritime, 3e éd. 2016, LGDJ, p. 876, n° 1139 et 1148-1, rappelant qu'"***en cas de paiement dit «commercial», c'est-à-dire non imposé par la police, l'assureur est admis, par une jurisprudence unanime, à fonder son action sur la subrogation conventionnelle, si les conditions en sont réunies***" Lyon, 3e ch., 14 mars 2013, RG n° 11/07885, cité par M. Tilche dans son article intitulé : "Salutaire subrogation conventionnelle ?", in BTL 2013, 327 ; Cass. com., 16 juin 2009, Sté Louis Vuitton Malletier et a. c/ Sté Zust Ambrosetti SPA et a., in BTL 2009, 415, qui rappelle que "***la subrogation conventionnelle de l'assureur dans les droits de l'assuré résulte de la volonté express de ce dernier, manifestée concomitamment ou antérieurement au paiement reçu de l'assureur, qui n' pas à établir que ce règlement a été fait en exécution de son obligation contractuelle de garantie***".

Ainsi qu'il est aisé de s'en aviser, ce texte comporte deux exigences : le caractère exprès de la subrogation, et la concomitance de la subrogation et du paiement. L'exigence de subrogation expresse est remplie lorsque l'assuré reconnaît, sur la quittance subrogative, avoir reçu l'indemnité d'assurance et qu'en considération de ce paiement, il subroge l'assureur dans ses droits.

Relativement à la seconde condition, à savoir la délivrance d'une quittance contemporaine du paiement, elle est d'une importance cardinale. Car, faute d'établir cette concomitance, le recours est voué à l'animadversion judiciaire[101]. Il faut que l'acte de subrogation et le chèque de règlement soient datés du même jour[102], ce qui dans la pratique peut apparaître quelque peu surréaliste, "utopique". Car, ainsi que le fait observer un auteur, "***lorsque l'assureur établi le chèque de règlement, il n'a pas l'assuré à ses côtés, de sorte qu'il lui adresse sont chèque avec une quittance subrogative à lui retourner régularisée***[103]". Pour désamorcer les effets pervers du texte, il est admis, de façon certaine, que la subrogation peut être consentie antérieurement au paiement ; ce qui signifie que **la subrogation conventionnelle anticipée est autorisée**[104].

---

[101] Cass. com., 23 mars 1999, n° 97-11685, in BTL 1999, 349 ; Versailles, 12e ch., 27 mai 2003, Mutuelle du Mans et a. c/ CMA CGM, in BTL 2003, 590 ; Le Lamy Transport, tome 2, éd. Wolters Kluwert 2016, p. 301, n° 570.

[102] Paris, Pôle 5, ch. 5, 30 jan. 2020, navire "Salta", op. cit. ; Ph. Delebecque, in DMF HS n° 24, juin 2020, p. 94, n° 106, où le document intitulé "Acte de subrogation et cession de droit" produit par la compagnie d'assurance justifie que le paiement de l'indemnité a été concomitant à la subrogation ; Paris, 7 mars 2019, n° 18/02878, in DMF 2019, 516, obs. C. Bourayne, où l'avis d'opération émis par la banque, qui justifiait du règlement effectif de l'indemnisation, et la quittance subrogative portaient la même date.

[103] J. F. Tantin, la subrogation : 7 ans de réflexion, obs. cit., p. 118.

[104] Cass. com., 29 janv. 1991, in JCP 91, IV, 120 ; Bull., IV, p. 30, n° 48, qui retient que la condition de concomitance de la subrogation au paiement est remplie lorsque le subrogeant a manifesté expressément, fût-ce dans un document antérieur, sa volonté de subroger son cocontractant dans ses créances à l'instant même du paiement ; Cass. com., 2 fév. 1993, in JCP 1993, I, 3684, n° 1, obs. Billiau : pour une subrogation "***convenue à l'avance***" ; Cass. com., 3 mars 1992, in RGAT 1993, 295, note Ph. Remy ; Poitiers, 1er civ, 20 mars 2001, in BTL 2001, 267 ; Versailles, 12e ch., 31 mai 2001, in BTL 2001, 728 ; Civ. 1er, 28 mai 2002, in BTL 2002, 444 ; Cass. 2e civ., 3 juin 2010, n° 09/19.029, in BTL 2010, 386 ; Paris, 18 avr. 2019, n° 16/16494, op. cit., qui considère l'exigence de concomitance

Du reste, cet aménagement jurisprudentiel, qui permet de tempérer la rigueur de la loi, n'est rien moins que ce que la doctrine autorisée a appelé ***"la prise en compte de la pratique des assureurs qui adressent à leur assuré une quittance comportant une subrogation et une cession de droit et ne règlent l'indemnité que lorsqu'ils reçoivent le retour de la quittance signée***[105]".

Dans le prolongement, par souci de réalisme, la chambre commerciale de la Cour de cassation a davantage assoupli sa posture, notamment en admettant que l'acte subrogatif puisse être postérieur au paiement, pour autant qu'il soit émis dans un délai raisonnable. Elle a ainsi considéré que les conditions de la subrogation étaient réunies, dès lors que le paiement et la réception de la quittance subrogative étaient séparés par des "***délais administratifs normaux***", une vingtaine de jours en l'espèce[106].

Cet assouplissement des conditions de la subrogation conventionnelle fait assurément l'affaire de l'assureur. Toutefois, dans l'hypothèse où elles ne seraient pas réunies, l'assureur pourrait tenter d'emprunter d'autres pistes d'action, de recourir à d'autres voies d'accès au prétoire.

---

respectée alors même que la subrogation a été formulée cinq jours avant le versement ; Cass., 2e civ., 17 nov. 2016, citée in BTL 2019, p. 254 ; Cass. com., 5 mai 2021, n° 19-19410, in DMF 2021, 834, obs. P. Y. Nicholas ; BTL 2021, 316 ; sur l'ensemble de la question, voir : J.F. Tantin, Le droit d'action de l'assureur subrogé : pièges et parades, op. cit., pp. 809-810.

[105] P. Bonassies et C. Scapel, Traité de droit maritime, op. cit., p. 877, n° 1139 in fine ; pour une illustration significative de la souplesse jurisprudentielle dans l'appréciation de cette concomitance, voir : Cass. com., 11 déc. 2007, in BTL 2008, 11, qui considère notamment, à propos d'un délai de 23 jours entre le paiement et la subrogation, qu'il "***s'agissait des délais administratifs normaux, ce dont il résultait que le paiement avait été concomitant à la subrogation***".

[106] Cass. com., 11 déc. 2007, n° 6-17.449, in BTL 2008, 11, à propos d'un transport routier ; Versailles, 12e ch. 2, 25 sept. 2008, n° 07/02521, Sacoma c/ Me Moras et a., toujours à propos d'un transport routier, qui considère comme acceptable un délai de sept jours. En revanche, un délai de neuf jours, qui "***dépasse un simple délai de courrier***", n'a pas été admis par Paris, 5e Pôle, ch. 4, 7 nov. 2012, n° 10/19576, Chartis Europe c/ Necotrans et a., in BTL 2012, 696. C'est dire que les solutions des juges du fond ne sont pas encore figées sur la question.

B- Les autres pistes d'action au secours de l'assureur

L'assureur peut invoquer, outre les deux formes de subrogation susvisées, la cession de droits (1) et la théorie de l'enrichissement sans cause (2).

1- La cession de droits

Elle est largement admise par la jurisprudence[107]. En effet, comme tout droit incorporel, le droit à recours de l'assuré peut faire l'objet d'un transport, puisqu'il n'est pas hors du commerce et que l'aliénation n'en est pas prohibée. Cette cession est toutefois soumise à la formalité exigeante de l'article 1690 du Code civil, à savoir la signification. Aux termes de ce texte, la cession des droits du cédant (l'assuré) n'est régulière que par l'effet de la signification qui en est faite par le cessionnaire (l'assureur) au débiteur cédé (le tiers responsable).

Pour autant, les tribunaux concèdent que la formalité de la signification par exploit d'huissier n'est pas requise si la qualité de cessionnaire est incidemment dénoncée au débiteur cédé dans les actes de procédure[108]. Autrement dit, l'assureur peut très bien dénoncer au transporteur responsable sa qualité de cessionnaire des droits de son assuré par voie d'assignation ou de conclusions et en joignant l'acte de cession de droits à son exploit ou auxdites conclusions. Et il doit le faire avant la mise de la cause en délibéré.

La cession de droit présente cet indéniable avantage qu'elle permet de contourner les obstacles juridiques liés à la subrogation légale, laquelle, si elle joue de plein droit, n'est pas moins assortie de conditions strictes, ainsi qu'il a été relevé ci-devant.

---

[107] Cass. com., 29 fév. 2000, n° 95-17400, qui légitimait déjà, en son temps, la cession de droits ; Versailles, 5 fév. 2019, n° 17/05723 ; Cass. com., 21 oct. 2020, op. cit., qui consacre la cession des droits de l'assuré au profit de l'assureur ; Baster, 2e ch. civ., 13 sept. 2004, n° 01/00912, Sogan c/ CGCM et a., in BTL 2005, 51 ; voir aussi, sur ce point : M. Tilsche, Recours de l'assureur : desserrer l'étau ? op. cit., 630.

[108] Cass. com., 29 fév. 2000, in Bull civ., IV, p. 35, n° 41 ; pour plus de détails, voir : J.F. Tantin, Le droit d'action de l'assureur subrogé : pièges et parades, p. 812.

Il est à signaler que, dans un arrêt très sévère du 28 mai 2019[109], la Cour d'appel de Paris refuse de recevoir l'action de l'assureur sur le fondement de la cession de droit, l'obligeant à passer par les fourches caudines de la subrogation légale : ***"Aux termes de l'article L. 121-12 du Code des assurances, l'assureur, qui a payé l'indemnité d'assurance, est subrogé jusqu'à concurrence de cette indemnité dans les droits et actions de l'assuré contre les tiers qui, par leur fait, ont causé le dommage ; il en résulte que, sauf le tempérament du recours à la théorie de l'enrichissement sans cause, lorsque les conditions en sont réunies, l'assureur ne dispose pas d'autre recours, ce qui conduit la Cour à écarter le moyen soutenu"***. Ainsi, pour cet arrêt, en dehors de la subrogation légale et la théorie de l'enrichissement sans cause, il n'y a point de salut pour l'assureur.

Il n'y a cependant pas lieu de s'offusquer outre mesure, dès lors que cette jurisprudence rigoriste est en perte de vitesse, en voie de délitement. En effet, à la suite d'un vol, la juridiction suprême française, dans un arrêt du 21 octobre 2020[110], a admis le recours de l'assureur "ad valorem" contre les auteurs du sinistre (transporteur et commissionnaire garant), en l'état de la cession de l'intégralité des droits de la victime/assuré, sans passer par la subrogation, coulant ainsi dans le marbre la cession de droits de l'assuré au profit de l'assureur. De fait, les droits cédés étaient nés des dommages ayant déclenché la garantie de l'assureur.

Voilà qui va rassurer les assureurs qui, en prime, se voient aujourd'hui reconnaître le droit d'invoquer la théorie de l'enrichissement sans cause comme nouveau fondement de leur recours en paiement.

2- La théorie de l'enrichissement sans cause

Le débat sur la subrogation légale a perdu de sa vitalité, par cela seul que la jurisprudence récente offre indéniablement la possibilité à l'assureur facultés de s'extraire du ***"terrain miné de la***

---

[109] Paris, Pôle 2, ch. 5, 28 mai 2019, n° 18/01228, cité par M. Tilche, dans son étude intitulée : Recours de l'assureur : Desserrer l'étau ?, ibid.
[110] Cass. com., 21 oct. 2020, n° 19-16.206, op. cit.

subrogation[111]" en opposant un grand principe général du droit, celui de l'enrichissement sans cause, lequel prescrit que nul ne peut s'enrichir injustement aux dépens d'autrui[112]. Et la jurisprudence précise que ce principe profite "***en tout état de cause***" à l'assureur. En effet, dans un arrêt du 25 mai 2011, la Cour d'appel d'Aix-en-Provence a posé le postulat qu'"***un assureur dispose, en toute hypothèse, d'un recours fondé sur « le principe général du droit selon lequel nul ne peut s'enrichir injustement aux dépens d'autrui », dont l'application a été étendue en matière de transport***[113]".

Ainsi que l'observe le commentateur de cet arrêt, "***en procédant à ce rappel alors qu'elle n'y était tenue, la Cour d'appel a fait œuvre de pédagogie en attirant l'attention des plaideurs sur l'existence de ce principe afin de les inciter à limiter les contentieux liés à la question de la subrogation. Cette initiative doit naturellement être saluée, car elle va dans le sens d'une « diffusion de l'information jurisprudentielle » susceptible de réduire le nombre de moyens développés par les parties, permettant in fine le désengorgement des tribunaux***".

C'est, de fait, le dernier état de la jurisprudence, laquelle, après bien d'errements, a fini par tourner le dos aux finasseries juridiques, aux arguties de diversion qui l'avaient égarée dans les années 2000, pour revenir à l'essentiel, l'équité qui est le fondement même de la subrogation[114].

---

[111] J. F. Tantin, La subrogation : 7 ans après, op. cit., p. 122.

[112] L'application de ce principe général, dans le contexte du recours de l'assureur "solvens", a été initiée par Cass., 1ère civ., 4 avril 2001, in Bull. civ. 2001, n° 105, p. 67 ; Recueil Dalloz, 14 juin 2001, n° 23, p. 1824, note M. Billiau ; RDTCiv. Juil. 2001, n° 3, p. 699, note N. Molfessis ; Versailles, 29 mars 2007, in BTL 2007, 415, qui applique la théorie de l'enrichissement sans cause, pour la première fois, en assurance transport, décision confirmée par Cass. 2e civ., 10 juil. 2008, n° 07-15.870, in DMF 2008, 913, note T. Dablemont et F. Turgné ; BTL 2008, 526.

[113] Aix-en-Provence, 2e ch., 25 mai 2011, n° 10.00780, in DMF 2012, 111, obs. F. Turgné.

[114] Civ. 2e, 10 juil. 2008, in DMF 2008, 913, obs. T. Dablemont et F. Turgné, statuant que : "***bien que non subrogé aux droits du créancier, l'assureur qui a indemnisé le sinistre dispose d'un recours à l'endroit du tiers responsable en application du principe de droit selon lequel nul ne peut s'enrichir***

Cette position est également celle que préconise une doctrine vénérable[115]. Elle est partagée par la Chambre Arbitrale Maritime de Paris (CAMP), laquelle, dans une sentence rendue le 18 novembre 2002, répondant à l'argumentation des transporteurs[116], a dit son intime conviction que ***"chacun des paiements en cause avaient été effectués sur le fondement d'un contrat d'assurance couvrant le risque concerné, alors même que ces contrats n'avaient pas été communiqués"***.

CONCLUSION

"In medio stat virtu", ce brocard, qui signifie la vertu se trouve au milieu, la vertu est éloignée des extrêmes, paraît avoir été bien comprise des juges étatiques. En effet, ainsi qu'il a été démontré, tout au long des lignes qui précèdent, la sévérité coutumière des tribunaux étatiques s'est amenuisée au fil du temps, ces derniers ayant fini par entendre raison, sous la poussée méritoire de la doctrine qui n'a jamais cessé de dénoncer les "sorties de piste", la dérive et même l'égarement de ces juridictions.

Il y a donc un apaisement du contentieux des recours de l'assureur dans la jurisprudence judiciaire, laquelle rejoint, sur ce point, la jurisprudence arbitrale assurant ainsi une quasi uniformité entre les deux ordres judiciaires, toute chose qui est porteuse de sécurité juridique dans les transactions.

Aujourd'hui, l'assureur, qui exerce un recours contre le transporteur ou tout autre agent de la chaîne de transport qui tient pour responsable du dommage, a plusieurs cordes à son arc. Il peut notamment se prévaloir de la subrogation légale s'il verse aux débats

injustement aux dépens d'autrui" ; Aix-en-Provence, 25 mai 2011, in DMF 2012, 111, obs. F. Turgné, qui juge qu'"***un assureur dispose, en toute hypothèse, d'un recours fondé sur «le principe général du droit selon lequel nul ne peut s'enrichir injustement au détriment d'autrui», dont l'application a été étendue en matière d'assurance***" ; Versailles, 29 mars 2007, in BTL 2007, 415, décision validée par Civ. 2e, 10 juil. 2008, op. cit. ; pour plus de détails sur l'application de la théorie de l'enrichissement sans cause en matière d'assurance maritime, voir la requête d'appel de la concluante, pp. 6 et 7, n° 2

115 P. Bonassies, in DMF 2003, HS n° 7, p.85, n°101.

116 DMF 2003, n° 642.

la quittance de règlement signée ou la photocopie du chèque, pour justifier du paiement, ainsi que les conditions générales de la police pour établir la régularité du paiement.

Il peut, en outre, tirer parti de la subrogation conventionnelle s'il produit la quittance subrogative et la copie du chèque de règlement portant une date identique ou une quittance antidatée par rapport au chèque pour justifier le caractère exprès et concomitant.

De même, l'assureur peut se prévaloir de la subrogation légale de droit commun, en démontrant tout simplement qu'il a, par son paiement, libéré l'auteur du dommage sur qui pèse la charge définitive de la réparation.

Dans le prolongement, lorsqu'il ne peut se prévaloir de la subrogation parce que les conditions n'en sont pas réunies, l'assureur facultés peut exciper de la cession de droits qui ne requiert pas de formalisme particulier, à condition néanmoins que les mentions de l'acte soient assez symptomatiques de l'origine et de la nature des droits cédés.

Enfin, l'assureur peut, en tout état de cause, fonder son recours sur la théorie de l'enrichissement sans cause, laquelle a reçu l'onction roborative de la jurisprudence en matière d'assurance facultés.

Cette évolution est saluée par la doctrine qui se félicite "***de ces différentes solutions qui, alliant rigueur juridique et pragmatisme, devrait permettre, dans de nombreuses affaires, d'aborder plus rapidement les problèmes de fond***[117]".

Il reste toutefois que, pour tirer le meilleur bénéfice de cette ouverture de son droit d'action, l'assureur facultés doit, dans la rédaction de l'acte de subrogation, retenir habilement une formulation qui lui permet de bénéficier aussi bien de la subrogation conventionnelle que de la cession de droits dans l'hypothèse où la subrogation légale ne pourrait opérer du fait, par

117 Ph. Delebecque, Vers une meilleure reconnaissance des droits des assureurs facultés, op. cit.

exemple, que le règlement n'est pas intervenu en vertu de la police d'assurance, c'est-à-dire dans le cas où l'assureur aurait fait un geste commercial sous la pression irrésistible d'un client important.

La formule globalisante ci-après pourrait aider l'assureur à se prémunir de surprises désagréables à l'entame de procès :

"En considération de ce paiement, nous subrogeons… (nom de la compagnie d'assurance) dans tous nos droits, actions et recours contre toutes les personnes responsables (transporteur et/ou autres) en raison desdites avaries et/ou manquants survenus à l'occasion du transport (préciser ledit transport et les marchandises concernées).

En tant que de besoin, le présent acte vaut également cession et transfert à ladite compagnie d'assurances de tous nos droits, actions et recours de ce chef".

QUARANTE ANS DE LA CONVENTION DES NATIONS UNIES SUR LE DROIT DE LA MER

par Jean-Felix MOUTHOUD TCHIKAYA
Juriste maritime
Ancien Directeur Général de la Marine Marchande
(ACODM)

Mot introductif

Mesdames et Messieurs les participants permettez-moi de vous rappeler en ce moment où nous évoquons avec beaucoup de déférence et d'émotions les actions du Ministre Martin Parfait Aimé COUSSOUD-MAVOUNGOU dans le secteur maritime, qu'en ce qui concerne la convention des nations unies sur le droit de la mer, objet des présentes assises il a été au cœur du processus de sa ratification et de sa mise en œuvre.

En effet, juste quelques années après l'adoption de celle-ci au niveau international, il a en 1988 en sa qualité de Directeur de l'administration et des gens de mer, représenté la République du Congo à la 1ère grande réunion organisée à Montego Bay en Jamaïque sur la sensibilisation de la convention.

Dès lors, sans répit avec beaucoup d'ardeur et d'engagement, il s'est impliqué tout au long des années à ce que le Congo ratifie et met en œuvre cet instrument afin que notre pays bénéficie des avantages et privilèges prévus par la convention.

En 2008, enfin sous sa houlette en tant que Ministre des transports maritimes, le Congo a ratifié par la loi n°4-2008 du 30 Janvier 2008, la Convention des Nations Unies sur le droit de la mer.

APERCU SUR LA CONVENTION DES NATIONS UNIES SUR LE DROIT DE LA MER

I- CONTEXTE HISTORIQUE DU DEVELOPPEMENT DU DROIT DE LA MER

Depuis l'antiquité jusqu'aujourd'hui, la mer a toujours été la voie principale des échanges entre les nations ; cependant, le droit maritime qui était applicable découlait des us et coutumes établies par les vieilles nations maritimes particulièrement européennes.
Aux 19è et 20è siècles, l'entrée sur la scène internationale de nouveaux Etats indépendants, entraîne une remise en cause de cet ordre ancien, ceux-ci revendiquent un contrôle de leurs espaces maritimes et une gestion des ressources biologiques marines et d'autres richesses se trouvant dans leurs eaux maritimes et plateau continental.

A partir de 1958, la communauté internationale à travers les conférences de Genève tente de trouver des solutions aux revendications souvent divergentes entre les puissances maritimes qui entendent préserver leurs acquis et les nouveaux Etats qui veulent rééquilibrer le droit en vue de tenir compte de leurs intérêts. Ainsi à Genève sont adoptées :

- La Convention sur la Haute Mer le 29 Avril 1958 ;

- La Convention sur la Mer Territoriale et la Zone Contiguë le 29 Avril 1958 ;

- La Convention sur le Plateau Continental le 29 Avril 1958 ;

- La Convention sur la pêche et la conservation des ressources vivantes de la haute mer le 29 Avril 1958.

L'adoption de ces conventions n'a pas mis fin aux revendications notamment la largeur de la mer territoriale. La Convention sur la mer territoriale n'a pas créée un régime juridique uniforme et contraignant ; elle n'a fait que codifier les us et coutumes anciens laissant libre court à chaque Etat de déterminer la largeur de sa mer territoriale (allant de 3 à 10 milles marins suivant la pratique de chaque Etat) la convention entérine cette coutume sans la rendre obligatoire. Ainsi des déclarations de mer territoriale allant de 3 à 200 milles ont été publiées çà et là à travers le monde.

- Le Congo par l'ordonnance **N°47/77** du 09/12/1977 revendique une mer territoriale de 200 milles marins.

- Pour trouver des solutions acceptables par toute la communauté internationale, l'ONU va organiser des conférences qui après presque quatorze (14) années de négociations vont aboutir à l'adoption le **10 Décembre 1982** à **Montego Bay** (Jamaïque) de la Convention des Nations Unies sur le Droit de la Mer (**UNCLOS**).

- La République du Congo l'a ratifié par la loi n°4 – 2008 du 30 Janvier 2008

II- LA CONVENTION DES NATIONS UNIES SUR LE DROIT DE LA MER

La Convention sur le Droit de la Mer est un instrument juridique sui generis (unique en son genre). Elle est à la fois le reflet de la codification des us et coutumes pratiqués par les vieilles nations maritimes et du compromis résultant des nouvelles revendications des jeunes Etats maritimes et non maritimes. Elle consacre le développement du droit international en y incorporant des nouveaux concepts et crée des régimes juridiques obligatoires et acceptés dans tous les domaines.

A- La Codification du droit coutumier

Cette codification concerne principalement : la mer territoriale, les eaux intérieures, la zone contiguë, le droit de passage inoffensif, le plateau continental.

- La mer territoriale : la convention rend obligatoire le principe de 3 à 12 milles marins qui ne l'était pas dans la Convention de Genève de 1958. Désormais, tous les

Etats qui ratifient la convention des Nations Unies sur le droit de la mer territoriale entre 3 et 12milles marins (art 03).

- Les eaux intérieures : Ce sont les eaux situées en deçà de la ligne de base de la mer territoriale (art 08)

- La zone contiguë : (zone pour prévenir les infractions à ses lois et règlements douaniers, sanitaire ou d'immigration) jusqu'à 24 milles marins des lignes de base à partir desquelles on mesure la largeur de la mer territoriale (art 33).

- Le droit de passage inoffensif dans la mer territoriale : Tous les Etats jouissent du droit de passage inoffensif dans la mer territoriale pour se rendre dans les eaux intérieures ou dans une installation portuaire (art 17).

- Le plateau continental : les droits de l'Etat Côtier sur le plateau continental sont réaffirmés ainsi que le régime juridique du plateau continental (art 117-118).

B- Développement du Droit de la Mer à travers de nouveaux concepts

Ici la Convention va opérer des avancées spectaculaires afin d'établir un certain équilibre les revendications des uns et des autres ; elle innove avec de nouveaux concepts ayant pour objectif d'améliorer la gestion des ressources biologiques et non biologiques et les ressources minières au profit non seulement des Etats Côtiers, mais pour tous les autres Etats non côtiers.

Elle crée ainsi :

- La Zone Economique Exclusive (**ZEE**) : La **ZEE** est un nouvel espace maritime résultant d'un compromis arraché aux Etats qui ne voulaient pas accepter un droit de l'Etat Côtier dans la zone considérée jusque-là comme haute mer. La largeur de la ZEE ne s'étend pas au-delà de 200 milles marins **(art 57)**.

Dans la Zone Economique Exclusive l'Etat Côtier a :

- Des droits souverains aux fins d'exploration et d'exploitation des ressources biologiques et non biologiques.

- Juridiction sur la mise en place des îles artificielles, des installations et ouvrages ; cependant il doit tenir compte des droits et obligations des autres Etats (liberté de navigation, de survole de l'espace aérien, de pose de pipeline **(art 56)**).

1- La Zone

La convention opère une extraordinaire construction juridique en créant dans la haute mer : la zone sur l'espace marin dans lequel aucun Etat ne peut revendiquer ni la souveraineté, ni des droits souverains. On entend par la zone les fonds marins et leur sous-sol au-delà des limites de la juridiction internationale **(art 1er de la convention)**
La zone et ses ressources sont le patrimoine commun de l'humanité **(art 136, 137)**.

Pour organiser contrôler et mettre en valeur les ressources de la zone, la convention a créé une entité désignée par « l'Autorité Internationale des Fonds Marins » **(art 156)**.

L'Autorité aura le pouvoir de réglementer les activités commerciales mais aussi de se livrer elle-même à des opérations d'exploitation minière à travers l'entreprise.
L'Autorité est dotée :

- D'une Assemblée qui est l'organe suprême où tous les Etats ont une égalité.

- Un Conseil qui a la responsabilité principale des activités et dont la composition des membres est limitée.

La zone dispose d'une organisation bien structurée et prévue par la convention afin de la rendre opérationnelle et efficiente.

2- Droit d'accès des Etats sans littoral à la mer et liberté de transit

Les Etats sans littoral ont désormais le droit d'accès à la mer et la liberté de transit **(art 124, 125)** dans les espaces marins des Etats Côtiers.
Les conditions et les modalités d'exercer leurs droits prévus par la convention se feront par accords bilatéraux entre les Etats de transit et les Etats sans littoral.
Les navires des Etats sans littoral ont l'égalité de traitement dans les ports comme les navires des autres Etats.

3- Protection et Préservation du milieu marin

La protection et la préservation du milieu marin deviennent une obligation des Etats **(art 192)**. Ce droit de l'environnement va se développer au fur et à mesure et concerne tous les secteurs.
Dans ce domaine, la convention encourage la coopération mondiale et régionale **(art 197)**.

En matière d'assistance technique de l'environnement la convention encourage un traitement préférentiel à l'intention des Etats en développement notamment :

- Dans l'allocation de fonds et des moyens d'assistance technique appréciée et l'utilisation de leurs services spécialisés

- Pour protéger et préserver l'environnement marin il y a un rééquilibrage des droits de l'Etat du pavillon au profit de l'Etat du Port et de l'Etat Côtier qui peuvent prendre des mesures contre des navires battant pavillon étranger en cas de menace de l'environnement.

4- La Recherche Scientifique

Tous les Etats ont le droit d'effectuer ou de favoriser des recherches scientifiques marines (art 238, 239).

En la matière, la convention encourage :

- La coopération internationale

- Le transfert des techniques marines entre Etats développés et en voie de développement.

5- Règlement des différends

La convention fait obligation aux parties de régler les différends par des moyens pacifiques à cet égard, elles ont le choix entre :

- La Cour Internationale de Justice

- Le Tribunal Arbitral

- Le Tribunal International du Droit de la Mer. Il faut cependant souligner que le TIDM aura égalité de compétence avec les autres tribunaux sur les questions relatives au droit de la mer. Cependant sa chambre aura compétence exclusive pour le règlement des différends relatifs aux fonds marins.

6- Conclusion

Comme nous pouvons le constater Mesdames, Messieurs, la Convention des Nations Unies sur le Droit de la Mer a été l'un des instruments juridiques majeur dans le développement du droit international du 20è siècle ; pour souligner l'importance de cette convention pour la communauté internationale, le représentant du Secrétaire Général de l'ONU à la 3è Conférence déclarait ce qui suit :

« La Convention va contribuer à promouvoir le maintien de la paix et de la sécurité internationale, le nouveau droit de la mer issue de cette convention résulte plus simplement du jeu de l'action et de la réaction des pays les plus forts ; il est le fruit de la volonté d'une majorité écrasante des nations de toutes les régions du monde, de niveau de développement différent et de caractère géographique dissemblable en ce qui concerne les espaces marins, mais ralliés autour d'un courant innovateur de portée universelle ».

Dans la pratique au Congo à partir de cette convention et des textes subséquents, cela a favorisé l'essor de l'exploration et l'exploitation de nos richesses pétrolières et halieutiques, un régime d'inspection des navires par l'Etat du port, par la mise en œuvre d'une coopération idoine dans la protection et la préservation du milieu marin et dans d'autres domaines ; cette dynamique se poursuit dans notre pays qui face aux enjeux à venir tel que le prolongement du plateau continental qui offre de bonnes perspectives.

ENJEUX ET PERSPECTIVES D'UNCLOS (CNUDM)

ILLUSTRATIONS DES ENJEUX ET PERSPECTIVES DE LA NUS CIL (WEB)

par Roger Charles DUSSAUD
Capitaine de Vaisseau (ER)
Ancien Directeur Général de la Marine Marchande

Excellente journée à tous, je m'appelle DUSSAUD Roger Charles, je suis expert en frontières maritimes.

La convention des Nations Unies sur le droit de la mer (CNUDM) dite aussi convention de Montego bay (CMB) ou UNCLOS en anglais, a été introduite en République du Congo par les textes suivants :

Loi n°4-2008 du 30 Janvier 2008 autorisant la ratification de la convention des Nations Unies sur le droit de la mer.

Décret n° 2008-10 du 30 Janvier 2008 portant ratification de la convention des Nations Unies sur le droit de la mer.

Ces deux textes ont été contresignés par l'homme d'Etat Martin Parfait Aimé COUSSOUD-MAVOUNGOU qui nous les laisse donc en héritage, ceci étant dit comme un hommage à sa mémoire.

Mais, encore, l'intention d'extension du plateau continental au-delà de 200 milles marins, a été matérialisée par la demande indicative préliminaire déposée aux Nations Unies, le 12 mai 2009, pour le gouvernement de la République du Congo, par le MTACMM, MPA

COUSSOUD-MAVOUNGOU ; reste à déposer la soumission avant fin 2022.

En résumé l'UNCLOS c'est la libre navigation internationale ;

L'UNCLOS c'est l'appropriation des ressources minérales du sol et sous-sol marins.

L'UNCLOS c'est aussi l'exploitation des ressources halieutiques marines et la préservation ou la protection du milieu marin.

L'UNCLOS définit aussi la piraterie et des règles de navigation dans les détroits, ceci conformément à la CLPC, la TIDM et l'AIFM. L'UNCLOS enfin, c'est l'Etat du port, l'Etat du pavillon et l'Etat côtier administrés par la Marad (maritime administration),en bref l'UNCLOS c'est la réaction en chaîne ou effet boule de neige , de la proclamation TRUMAN du 28 septembre 1945 sur le plateau continental, au sein de la Communauté internationale, sur les diverses revendications territoriales effectuées pour des raisons économiques quant à la conservation et à l'exploitation des ressources minérales des fonds marins (article 76 de la CNUDM).

VUE D'ENSEMBLE DE LA CONVENTION DE MONTEGO BAY (CMB)

Depuis sa création, il y a 40 ans, l'UNCLOS a jeté les bases de la gouvernance des océans. En effet, la convention établit le cadre juridique dans lequel toutes les activités dans les océans et les mers, doivent être menées.

Depuis son adoption, deux instruments supplémentaires ont été conclus dans le cadre de la convention :

L'Accord de 1994 sur la mise en œuvre de la partie XI de la CMB. (The 1994 implémentation Agreement).

L'Accord des Nations Unies sur les stocks de poissons de 1995 UNFSA. (1995 UN Fisch Stocks Agreement), Accord relatif à la conservation et à la gestion des stocks de poissons dont les déplacements tant à l'intérieur qu'au-delà de zones économiques exclusives (stocks chevauchants) et des stocks de poissons grands migrateurs.

Un troisième accord dans le cadre de la CNUDM, sur la biodiversité marine des zones situées au-delà de la juridiction nationale (BMAJN) dite UNBBNJ Agreement (Biodiversity Beyond National Juridiction Agreement) est en cours de négociation, soit encore appelé Traité de la haute mer.

La résolution historique de l'Assemblée des Nations Unies pour l'environnement à NAIROBI vise à mettre fin à la pollution plastique et à conclure un accord international juridiquement contraignant d'ici 2024. Celui-ci traitera du cycle de vie complet du plastique, y compris sa production, sa conception et son élimination.

Parmi les nombreuses pressions exercées par les activités humaines qui continuent à dégrader l'océan, il se trouve : la surpêche, y compris la pêche illégale, non déclarée et non règlementée (INDNR) ou IUU fishing (illegal, unreported and unregulated fishing), la pollution atmosphérique provoquant l'acidification, les apports excessifs de substances dangereuses, y compris les plastiques, les micros plastiques et les nano-plastiques, les bruits anthropiques et le développement côtier mal géré entre autres (non prise en compte efficace de l'article 207 de LOS convention sur la pollution d'origine tellurique).

Le Congo a accepté la juridiction du TIDM (ITLOS) et de la CIJ pour le règlement des différends pouvant surgir lors de la mise en œuvre des dispositions de l'UNCLOS.

Un enjeu majeur pour nos cinq océans : le Développement durable sous UNCLOS.

PRESENTATION

• Nos cinq océans occupent 71% de la surface du globe et représentent 97% de l'eau disponible sur Terre.

• 90% du commerce de la planète transite par la mer.

• Plus de 50% de l'oxygène disponible sur Terre provient de la mer.

• 50% de la population mondiale vit à moins de 100Km des côtes soit 5 humains sur 10.

• Les océans permettent de nourrir près de «3,5 milliards d'êtres humains, soit environ 50% de la population mondiale.

• 400 millions de personnes tirent de la pèche leurs principaux moyens de subsistance.

• 27% de la production mondiale de gaz est issue de gisements offshore.

• 30% de la production pétrolière est issue de gisements offshore.

Tel sont les enjeux multiples et vitaux de notre océan mondial.

5. Marine Mineral Resources

Global Distribution of Marine Mineral Deposits (Source: ISA)

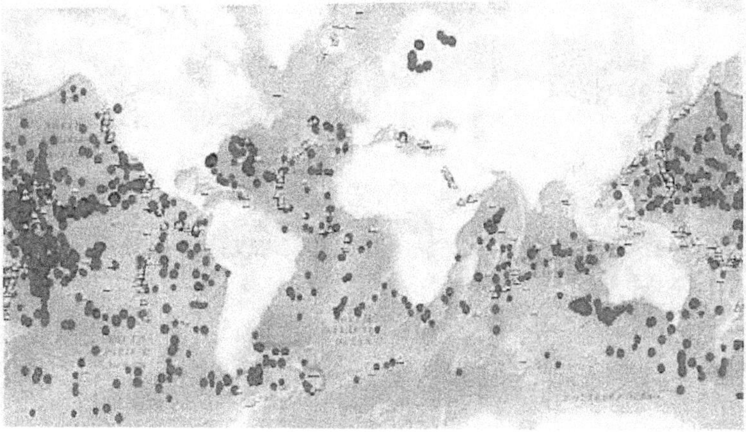

1. History of the Legal Regime Governing the Deep Seabed

H.M.S. "CHALLENGER"
Shortening sail to sound.

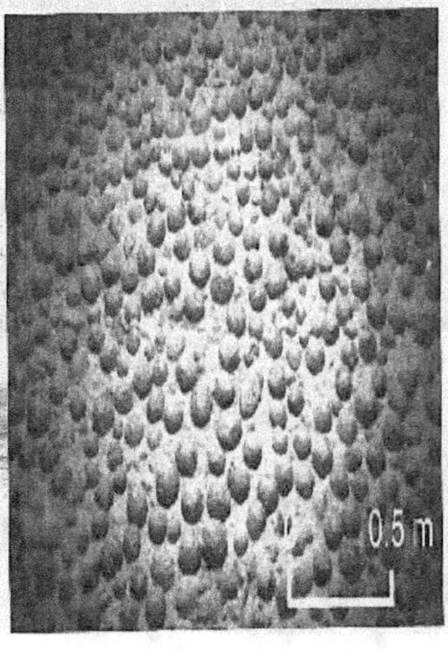

5. Marine Mineral Resources in the Area

Polymetallic Nodules	Polymetallic Sulphides	Cobalt-Rich Crusts
Lay on the Seabed	Hydrothermal vents	Seamounts & Submerged Volcanic Mountain Ranges
4000 – 6000 m	1000 – 4000 m	400 to 3000 m
Manganese Copper Nickel Cobalt Iron Rare Earth Materials	Copper Zinc Silver Gold	Cobalt Rare Earth Materials

8. Regulation of Activities in the Area

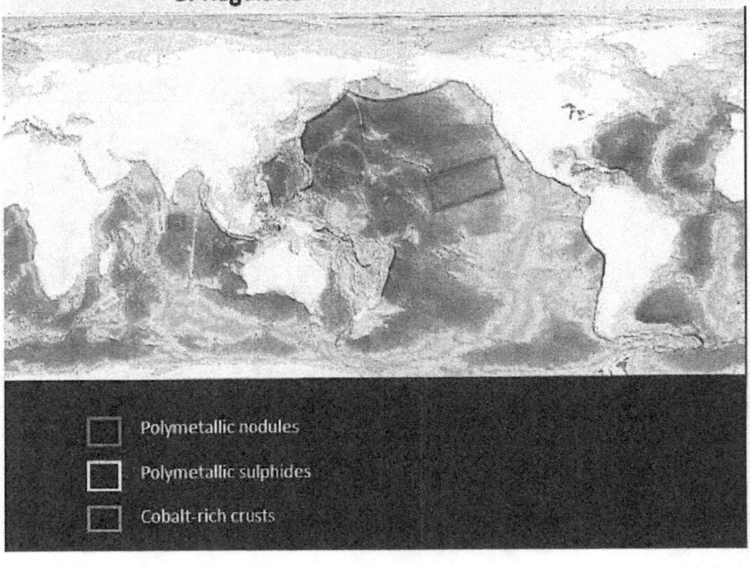

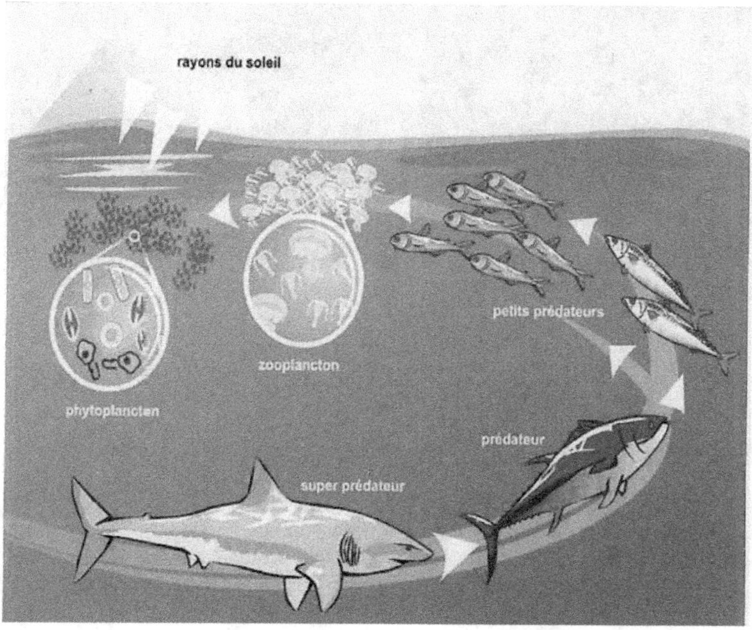
rayons du soleil
petits prédateurs
zooplancton
phytoplancton
prédateur
super prédateur

Green kit
50 À 75%
C'est le pourcentage d'oxygène produit par l'océan selon les sources et zones géographiques !

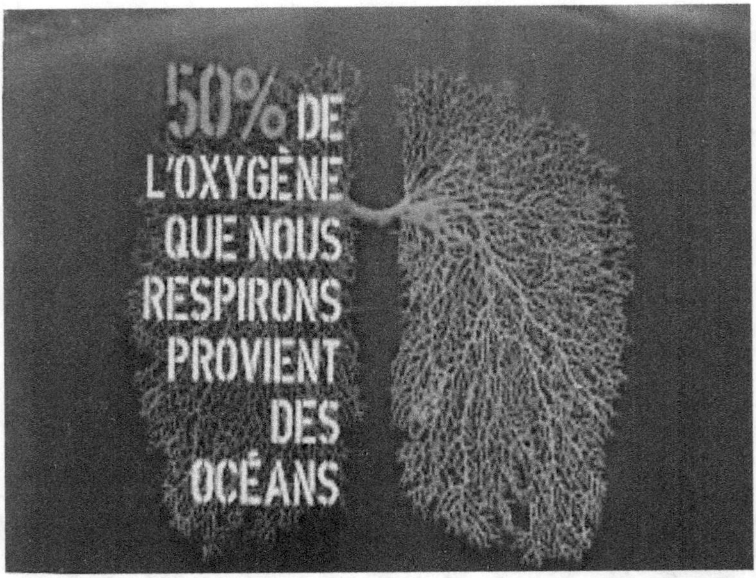

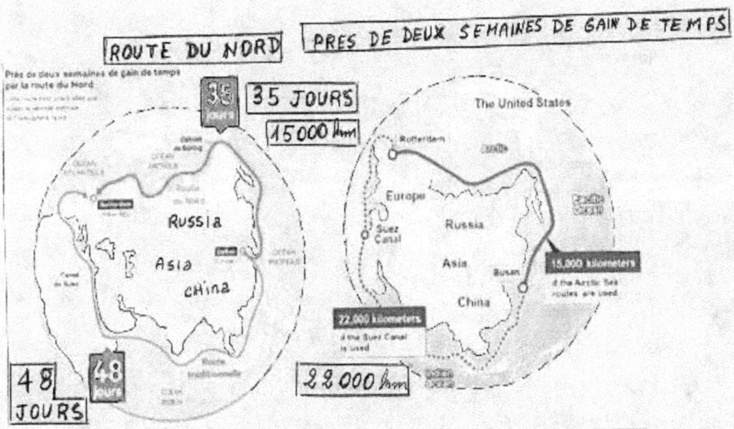

Itinéraire	Londres - Yokohama	New York - Yokohama	Hambourg - Vancouver
Panama	23 300	18 560	17 310
Suez et Malacca	21 200	25 120	29 880
Cap Horn	32 289	31 639	27 200
Passage du Nord-ouest	15 930	15 220	14 970

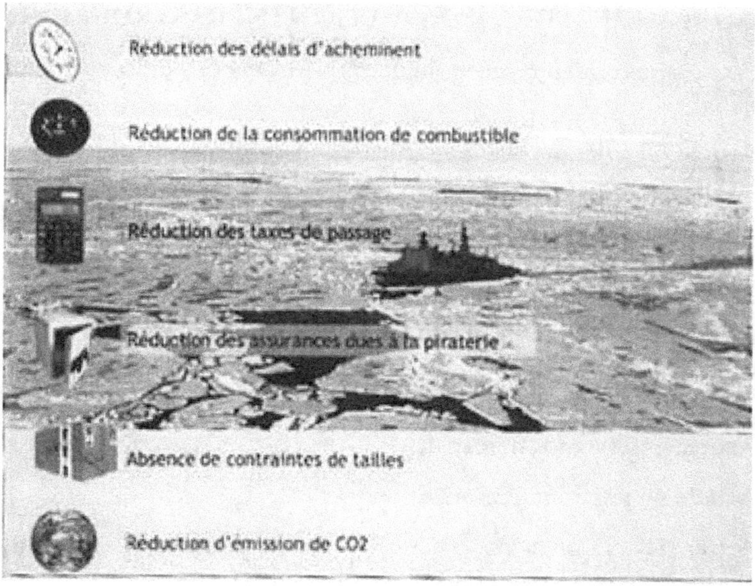

Définition d'un enjeu : un enjeu est « ce qui est en jeu », c'est-à-dire littéralement « ce qui est à perdre ou à gagner »

ODD9

Gagner à bâtir une infrastructure résiliente, promouvoir une industrialisation durable qui profite à tous et encourager l'innovation.

ODD13

Gagner à prendre d'urgence des mesures pour lutter contre les changements climatiques et leurs répercussions

ODD14

Gagner à conserver et exploiter de manière durable les océans, les mers et les ressources marines aux fins du développement durable

ODD17

Gagner à renforcer les moyens de mettre en œuvre le Partenariat mondial pour le développement durable et revitalisé.

ODD9 INDUSTRIE, INNOVATION INFRASTRUCTURE

Pour gagner cet enjeu géopolitique UNCLOS nous dit ce qu'il faut faire.

Article 60 : Iles artificielles, installations et ouvrages dans la zone économique exclusive.

Article 61 : Conservation des ressources biologiques.

Article 62 : Exploitation des ressources biologiques.

Article 63 : Stocks de poissons se trouvant dans les zones économiques exclusives de plusieurs Etats côtiers ou à la fois dans la zone économique exclusive et dans un secteur adjacent à la zone.

Article 64 : Grands migrateurs.

Article 65 : Mammifères marins.

Article 112 : Droit de poser des câbles ou des pipelines sous-marins.

Depuis l'adoption d'UNCLOS en 1982, deux instruments supplémentaires ont été conclus dans le cadre de la convention : l'accord de 1994 sur la mise en œuvre de la partie XI de la CNUDM dont le Congo fait partie, et l'accord des Nations Unies sur les stocks, de poissons de 1995 dont le Congo ne fait pas encore partie.

ODD13 MESURES RELATIVES A LA LUTTE CONTRE LE CHANGEMENT CLIMATIQUE

Pour gagner cet enjeu environnemental directement lié à l'atmosphère UNCLOS nous dit ce qu'il faut faire :

Article 212 : Pollution d'origine atmosphérique ou transatmosphérique.

Article 222 : Mise en application de la réglementation relative à la pollution d'origine atmosphérique ou transatmosphérique.

La réglementation de l'OMI conformément à ces directives limite la teneur en soufre du fuel-oil des navires, pour une meilleure qualité de l'air ayant ainsi des impacts positifs sur la santé humaine et l'environnement.

Le contrôle par l'Etat du port et par l'Etat du pavillon permet d'assurer le respect de cette réglementation à élaborer.

ODD14 VIE AQUATIQUE

Pour gagner cet enjeu environnemental directement lié à la vie de notre océan, UNCLOS nous dit ce qu'il faut faire.
N'oublions pas que 50% de l'oxygène que nous respirons provient de l'océan qui couvre plus de 70% de la surface de notre planète, cela représente la majeure partie de l'oxygène que nous respirons.

Cette production d'oxygène par la photosynthèse des algues microscopiques soit le phytoplancton servant de nourriture au zooplancton servant de nourriture aux petits prédateurs qui eux alimentent les prédateurs qui sont mangés par les super prédateurs.

Evitons donc de polluer les eaux de la mer pour ne pas perturber la photosynthèse source de notre oxygène et casser la chaîne alimentaire.

Article 1 : Emploi des termes et champ d'application.

Article 43 : Installation de sécurité, aides à la navigation et autres équipements et prévention, réduction et maîtrise de la pollution.

Article 79 : Câbles et pipelines sous sous-marins sur le plateau continental.

Article 94 : Obligation de l'Etat du pavillon.

Article 194 : Mesures visant à prévenir, réduire et maitriser la pollution du milieu marin.

Article 195 : Obligation de ne pas déplacer le préjudice ou les risques et de ne pas remplacer un type de pollution par une autre.

Article 196 : Utilisation de technique ou introduction d'espèces étrangères ou nouvelles.

Article 198 : Notification d'un risque imminent de dommage ou d'un dommage effectif.

Article 199 : Plans d'urgence contre la pollution Micro plastiques et océan :

La pollution par les micros plastiques pourrait, réduire la capacité du phytoplancton à fixer le carbone grâce à la photosynthèse et réduire la capacité du zooplancton à transporter le carbone en l'empêchant de se nourrir, de subsister ou de se reproduire.

En 2018 la Chine a interdit les importations de déchets plastiques. D'autres pays refusent eux aussi de servir de poubelle au reste du monde.

Le mouvement mondial « BREAK FREE FROM PLASTIC » soutient les communautés et les modes de vie zéro déchet et fédère plus de 1800 structures collectives et des milliers de particuliers.

ODD17 PARTENARIATS POUR LA REALISATION DES OBJECTIFS

La convention a fourni le cadre pour la création de trois nouveaux organes : Le Tribunal International du droit de la mer (TIDM), l'Autorité international des fonds marins (AIFM) et la Commission des limites du plateau continental (CLCS), permettant de promouvoir une utilisation pacifique et fondée sur des règles de l'océan.

Article 156 : Création de l'Autorité.

Annexe II : Commission des limites du plateau continental.

Article 200 : Etudes, programmes de recherche et échange de renseignements et de données.

Article 239 : Obligation de favoriser la recherche scientifique marine.

Article 270 : Cadre de la coopération avec les organisations international et l'Autorité.

Article 273 : Coopération avec les organisations international et l'autorité.

Article 274 : Objectif de l'Autorité

Stabilité et sécurité de la délimitation des frontières maritimes, enjeux de politique internationale majeur pour les années à venir.

Principales techniques de calcul d'une délimitation maritime.

UNCLOS ne précise pas de méthode de délimitation pour la ZEE et/ou le plateau continental.

Elle précise seulement que la délimitation doit se faire par voie d'accord conformément au droit international afin d'aboutir à une solution équitable.

D'après l'Annuaire de la commission du droit international 1956 volume II, plusieurs méthodes peuvent être appliqués.

- Ligne d'équidistance.

- Ligne perpendiculaire à la direction générale de la côte.

- Délimitation à l'aide de parallèles ou méridiens.

- Mise en place de corridor avec des lignes parallèles.

- Méthodes de la bissectrice entre des directions générales de côtes.

- Les différentes formules issues de l'article 76.

De là la superficie sous-marine du Congo pourrait bien augmenter de 100 000 à 150 000 Km2 environ.

ENJEUX DE SECURITE ET DE SURETE MARITIMES

Articles 19, 21, 22, 25, 39, 41, 42, 43, 52, 53, 60, 94, 98, 100, 101, 105, 111, 138, 147, 194, 212, 222, 225, 242, 260, 262, 298, 302,...

Résumé par la devise de l'organisation maritime internationale (OMI) : « sécurité, sûreté et efficacité de la navigation sur des océans propres » « Safe, Secure and efficient shipping on clean Oceans » La sûreté maritime étant prise en compte de manière détaillée par le code ISPS une annexe à la convention SOLAS.

Quelques Documents connexes à UNCLOS :

- La stratégie africaine intégrée pour les mers et les océans à l'horizon 2050 (stratégie AIM 2050).

- La stratégie maritime intégrée de la Communauté économique des Etats de l'Afrique de l'Ouest (CEDEAO).

- La Charte africaine sur la sûreté et la sécurité maritimes et le développement en Afrique (Charte de Lomé).

- La Charte africaine des transports maritimes.

- La conférence mondiale sur la sûreté maritime organisée par le Nigéria en 2019.

- Résolutions du Conseil de sécurité 2018 (2011) et 2039 (2012) relatives aux actes de piraterie et aux vols à main armée dans le golfe de Guinée.

- Code de conduite de Yaoundé

PERSPECTIVES DE UNCLOS

Pour les années à venir, nous pouvons déjà prévoir du nouveau dans le domaine des affaires maritimes et du droit de la mer.

Par exemple dans le cadre des enjeux économiques, les nouveaux passages maritimes libérés par la fonte des glaces en ARCTIQUE à travers le détroit de Bering commenceront à bouleverser la stabilité des économies mondiales.

a. Route maritime du Nord-Ouest à partir des Etats-Unis.

b. Route maritime du Nord-Est à partir de la Chine (volet maritime des nouvelles routes de la soie).

Soit en résumé les passages du Nord-Ouest et du Nord-Est.

Les contestations de la délimitation des plateaux continentaux dans l'Arctique par le Canada et la Russie qui considèrent ces voies maritimes du Nord comme des eaux intérieures, sous juridiction nationale, nécessitants donc l'autorisation de passage et la possibilité d'une interdiction.

Les USA, l'Europe et l'Asie revendique le statut de détroit international comme ailleurs et donc la liberté de transit permanent (qui vivra verra).

AUTRE PROBLEME GEOSTRATEGIQUE EN PERSPECTIVE

a. La ligne de revendication chinoise en mer de chine encore dite la ligne des 9 traits englobant les îles SPRATLEY disputés également par les Philippines, la Malaisie et Brunei vu leurs proches proximités opposées au droit historique.

b. Présence dans l'océan indien de la GYRE OCEANIQUE, soit le continent de déchets plastiques.

c. A mesure que les Etats décident de fixer la limite extérieure de leur plateau continental au-delà de 200 milles marins, les travaux de la commission des limites du plateau continental (CLPC) auront des incidences sur l'industrie pétrolière et gazière.

d. Les activités criminelles, telles que les actes de terrorisme ou de piraterie ou les attaques armées dirigées contre les navires, le transport des migrants, et le trafic illicite de stupéfiant, d'armes et d'autres articles, exigeront une action mondiale soutenue.

e. L'existence de certains pays côtiers à faible élévation voit leur survie même menacée par le réchauffement de la planète et la montée du niveau de la mer.

f. Le Tribunal international du droit de la mer TIDM en matière de jurisprudence du droit de la mer (cas des détroits par exemple) continuera certainement à veiller à ce que UNCLOS soit partout interprétée et appliquée de la même façon.

g. Au-delà de la ZEE se trouve la Haute mer échappant à la souveraineté national article 88 (affectée à des fins pacifiques) là, la vie est foisonnante, cet espace maritime génère au moins la moitié de l'oxygène que nous respirons en absorbant le CO_2 (soit un poumon sur deux que nous avons utilisé l'oxygène produit par notre océan).

Cependant aucune loi ne régit cet espace stratégique à la vie et survie de l'humanité ; nous attendons que l'ONU puisse finaliser le Traité de la Haute Mer, et sa création de réserves marines protégées en haute mer, Traité que le règne humain devra nécessairement soutenir pour continuer d'exister.

Entre temps le Congo pourrait s'agrandir par la délimitation maritime et l'extension du domaine sous-marin c'est dans le cadre de UNCLOS 82 que le Congo peut prétendre à de nouveaux espaces maritimes à partir de la notion de plateau continental au-delà des 200 milles nautiques.

UNCLOS par l'article 76 a fixé les règles et les critères de délimitation le plus au large possible de ce plateau continental, l'article 76 s'applique sur la connaissance scientifique en termes de géologie et de morphologie, pour cela il faut de nombreuses mesures bathymétriques pour déterminer la limite extérieure du plateau continental.

L'enjeu serait une superficie sous-marine sans un coup de feu d'environ 100 000 à 150 000 Km^2.

Bref tout cela presque sans un sou. Le cabinet ASAFO & CO a été retenu pour préparer le dossier de soumission, en attendant le paiement convenu, pour mener à bonne fin la soumission du Congo devant la CLPC (Le Gabon et l'Angola ont déjà depuis longtemps déposé leur dossier de soumission).

En conclusion une chose est certaine quels que soient les nouveaux problèmes que la communauté international aura à résoudre dans le cadre des questions maritimes, elle le fera nécessairement sur la base de UNCLOS et ses accords connexes.

Merci beaucoup de votre bienveillante attention !

LES FRONTIERES MARITIMES : ETAT DES LIEUX ET ENJEUX POUR LE CONGO

par Messieurs :

Jacques ESSISSONGO
Préfet, Directeur Général de l'Administration du Territoire,
Secrétaire Permanent de la Commission Nationale des Frontières
et

Wilfrid Brice NAHOUTOUMA-SAMBA
Capitaine de Vaisseau,
Conseiller aux Opérations Maritimes
du Directeur Général du Port Autonome de Pointe-Noire,
Ancien Commandant de port du Port de Pointe-Noire,
Expert de la « Sous-commission Technique mixte d'Experts en matière de Frontière Maritime entre la République du Congo et la République d'Angola »

I- INTRODUCTION

Lorsque l'on évoque les frontières maritimes on fait, en général, allusion aux lignes de délimitation et de démarcation entre deux Etats côtiers : ce sont les **frontières maritimes dites latérales** qui séparent les possessions maritimes des 2 Etats.

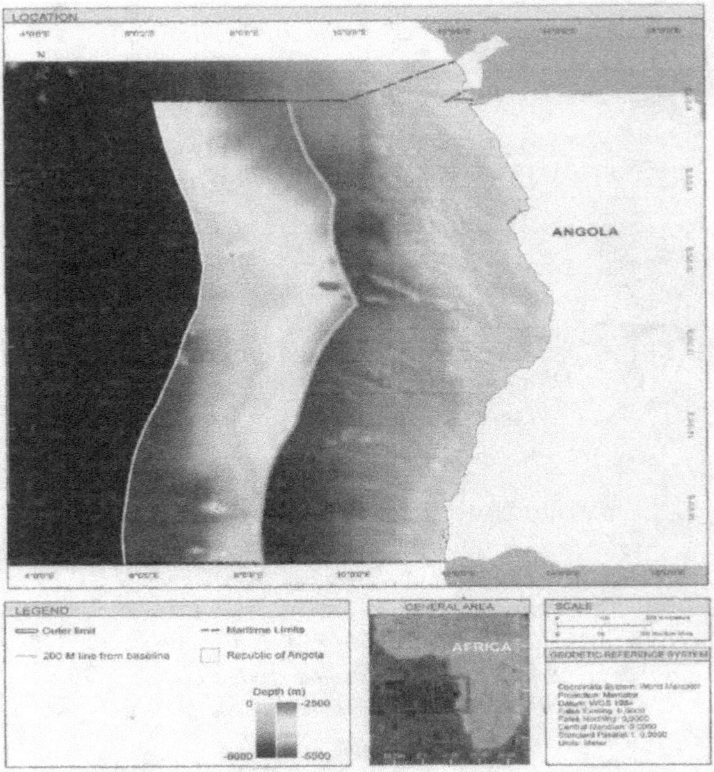

Figure 1: The outer limit and the extension of the Legal Continental Shelf of Angola. Total area: 379,443.84 km^2.

Sur cette carte, on peut voir la ligne indiquant la frontière maritime latérale telle que suggérée par l'Angola dans sa demande d'extension du Plateau Continental au-delà de 200 Mille Marins.

Mais une frontière maritime, au sens de la CNUDM, peut aussi être entendue comme une zone maritime de séparation ou de déclinaison du pouvoir de l'Etat côtier. En ce sens qu'elle est comprise comme une étendue de mer limitée spatialement, soit :

- par l'étendue de la souveraineté ou de la juridiction de cet Etat, c'est le cas des Eaux Intérieures, de la Mer Territoriale ou Eaux Territoriales, de la Zone contiguë, de la Zone Economique Exclusive de la Haute Mer ;

- soit par des critères morphologiques, géologiques ou hydrographiques : le Plateau Continental et la Zone Internationale des Fonds Marins dite Patrimoine Commun de l'Humanité.

C'est pourquoi, l'état des lieux qui sera présenté ci-après concerne tout aussi bien ces espaces maritimes que la République du Congo est en droit de régir conformément à la CNUDM que les frontières maritimes latérales entre la République du Congo et ses deux voisins, le Gabon et l'Angola.

II- ETAT DES LIEUX DES ESPACES MARITIMES EN DROIT D'ETRE REGIS PAR LA REPUBLIQUE DU CONGO CONFORMEMENT A LA CONVENTION DES NATIONS UNIES SUR LE DROIT DE LA MER (CNUDM) DITE AUSSI CONVENTION DE MONTEGO BAY (CMB)

Considérée comme la constitution des océans, la CNUDM institue les espaces maritimes susmentionnés suivants : Eaux Intérieures, Mer Territoriale ou Eaux Territoriales, Zone contiguë, Zone Economique Exclusive, Haute Mer, Plateau Continental et Zone Internationale des Fonds Marins, respectivement EI, MT ou ET, ZC, ZEE, HM, PC et ZIFM dans la suite).

Dans ce chapitre, il ne sera question que des espaces maritimes sous juridiction nationale, la Haute Mer et la ZIFM étant des espaces maritimes sous juridiction internationale.

Généralités sur les espaces maritimes institués par la CNUDM

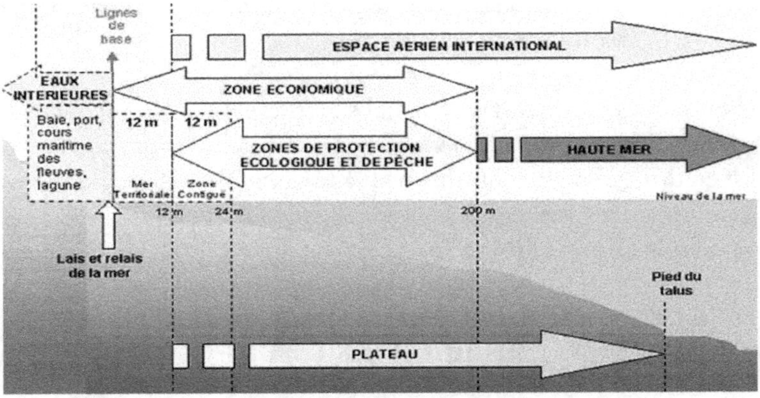

Schéma illustrant les espaces maritimes de l'Etat côtier.

Ligne de base

Aux fins de la délimitation des espaces maritimes institués par la CNUDM, une ligne, dite ligne de base, a été fixée comme origine de mesure. Ainsi, cette ligne marque la séparation d**es Eaux Intérieures de la MT, et sert à mesurer la largeur de la MT ainsi que celle des autres espaces maritimes sous juridiction de l'Etat côtier.**

Conformément à l'article 5 de la CMB, la ligne de base « est la laisse de basse mer le long de la côte, telle qu'elle est indiquée sur les cartes marines à grande échelle reconnues officiellement par l'Etat côtier ».

Deux méthodes de calcul peuvent être utilisées pour déterminer les lignes de base :

- La méthode dite normale ou de principe : qui définit **la ligne de base normale** comme étant la laisse de basse mer c'est-à dire, la ligne de retrait des eaux à marée basse ;

- La méthode exceptionnelle : qui définit des **lignes de base droites** (Article 7 de la CMB) reliant des points appropriés pour tracer la ligne de base à partir de laquelle est mesurée la largeur de la MT.

Cette méthode est adoptée seulement dans certaines circonstances, notamment dans le cas de côtes échancrées, brisées ou tourmentées. Deux conditions déterminent en principe son emploi :

- le tracé ne peut s'écarter trop sensiblement de la direction générale des côtes ;

- les étendues maritimes doivent être suffisamment reliées au domaine terrestre.

Eaux Intérieures (Article 8 de la CMB)

Ce sont les eaux situées en deçà de la ligne de base servant à mesurer la largeur de la MT.

Dans le cas du Congo, les EI comprennent les cours maritimes des différents fleuves qui se jettent à la mer, les ports, rades et baies.

En ce qui concerne les baies, qui sont des « échancrures significatives du littoral permettant une profonde pénétration de la mer au cœur des terres telle que les eaux qu'elles renferment sont cernées par la côte » (art 10 CMB), on note la possibilité d'instituer, comme Baies historiques, les 3 baies de Lékondé, Pointe indienne et Pointe Noire.

En effet, les conditions d'existence d'une baie historique, qui émanent de la pratique des États semblent être remplies dans ces trois cas notamment :

- la souveraineté effective de l'État sur les eaux de ces baies ;

- le long usage de ces baies bien établi et sans contestation, notamment la reconnaissance internationale expresse ou tacite par les autres États ;

- la seule autorité législative, réglementaire et judiciaire sur ces eaux est l'État congolais.

Cette proposition d'institution en baie historique de ces 3 baies pourrait présenter les avantages suivants pour le Congo :

- gagner, disposer et instituer en eaux intérieures, les eaux de ces 3 baies ;
- gagner un espace maritime global, sous juridiction nationale, plus vaste, donc certainement plus riche ;

Donner à la ceinture des eaux sous juridiction nationale une forme plus simple.

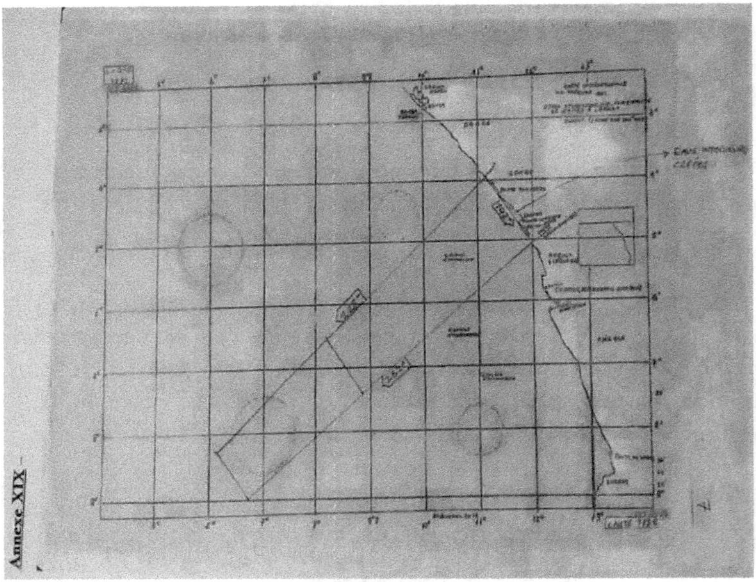

Carte comprenant les 3 baies de Lékondé, Pointe indienne et Pointe noire, en bleu, avec une proposition indicative grossière de la forme globale du territoire maritime congolais

Mer territoriale (CMB Partie II, Sections 1, 2 et 3)

« La souveraineté de l'Etat côtier s'étend, au-delà de son territoire et de ses eaux intérieures, à une zone de mer adjacente désignée sous le nom de Mer Territoriale (MT) ». Article 2 de la CMB.

La largeur de la mer territoriale ne doit pas excéder 12 milles marins à partir de la ligne de base servant à la mesurer.

En effet, suivant l'Article 3 de la CMB, tout Etat a le droit de fixer la largeur de sa mer territoriale et cette largeur ne dépasse pas 12 milles marins.

Dans sa MT territoriale, l'État est seule autorité législative, réglementaire et judiciaire et y exerce la plénitude de sa souveraineté.

Zone contiguë (CMB Partie II, Section 4)

C'est une zone adjacente à la mer territoriale, d'une largeur de 12 milles marins, et comprise dans la Zone Economique Exclusive avec la particularité d'être soustraite au régime juridique internationale de la Haute Mer.

L'Etat y exerce les compétences de police - et non d'exploitation économique - qui concernent les contrôles, prévention et répression des infractions aux lois et règlements douaniers, fiscaux, sanitaires ou d'immigration en général.

Zone Economique Exclusive : 200 Mille Marins ou 374 km des côtes (CMB Partie V) de la ligne de base servant à mesurer la MT

La ZEE est une zone de nature juridique « sui generis » située au-delà de la MT et adjacente à celle-ci.

Elle est soumise à « un régime juridique particulier établi par cette partie V de la CNUDM, en vertu duquel les droits et les juridictions de l'Etat côtier et les droits et libertés des autres Etats sont gouvernés par les dispositions pertinentes de la Convention ». Article 55 de la CMB.

L'Etat côtier, qui acquiert cette ZEE par déclaration expresse, y exerce des droits souverains et non de souveraineté qui consistent, entre autres, en :

- l'exploration, l'exploitation, la gestion et la conservation des ressources biologiques et minérales ;

- le forage et percement des tunnels ;
- d'autres activités économiques comme par exemple, la production d'énergie à partir de l'eau, des courants et des vents (énergie éolienne) Art.56(1)(a) de la CMB.

Dans sa ZEE, (Article 56(2) de la CMB), l'Etat a aussi juridiction dans certains domaines notamment :

- La mise en place des îles artificielles ;
- La conduite des activités de recherche scientifique marine, la protection de l'environnement marin.

Par ailleurs, l'Etat exerce des compétences d'exécution en matière de :

- pêcheries illégales ;
- inspection et saisie des navires délinquants ;
- poursuites judiciaires (art.73(1) de la CMB).

NB : cas d'infractions aux pêcheries : l'Etat côtier n'a pas compétence d'emprisonnement du capitaine et de l'équipage (art.73(3) de la CMB).

Les obligations de l'Etat côtier dans sa ZEE sont de :

- Accorder le droit d'accès au reliquat des captures ;
- Respecter le droit au commerce maritime et le droit de transit des Etats sans littoral ;
- Conserver les ressources biologiques (art.61(1) de la CMB) ;
- S'assurer que les ressources ne sont pas surexploitées (art.61(2) de la CMB) ;
- Favoriser une exploitation optimale des ressources (art.62(1) de la CMB) ;

- Déterminer la capacité des prises ou captures (art.62(2) de la CMB) ;

- Permettre l'accès au reliquat du volume admissible (art.62 (2, 3, 4) de la CMB) ;

- Echanger les informations sur l'état des stocks (art.61 (5) de la CMB) ;

- Assurer la protection de l'environnement marin ;

- Ne pas utiliser sa ZEE pour causer des dommages aux Etats tiers (obligation générale de surveillance, due diligence) ;

- Respecter les libertés traditionnelles de la mer :

    - Liberté de navigation (pas de passage inoffensif) ;

    - Liberté de survol de l'espace aérien au-dessus de la ZEE ;

    - Liberté de poser des câbles et pipelines sous-marins.

Le Plateau Continental (Partie VI CMB)

"Le plateau continental d'un Etat côtier comprend les fonds marins et leur sous-sol au-delà de sa mer territoriale sur toute l'étendue du prolongement naturel du territoire terrestre de cet Etat jusqu'au rebord externe de la marge continentale ou jusqu'à 200 milles des lignes de base à partir desquelles est mesurée la largeur de la mer territoriale, lorsque le rebord externe de la marge continentale se trouve à une distance inférieure" (Article 76 de la CMB).

De cette définition, on peut retenir deux critères qui caractérisent le PC : le prolongement naturel du territoire terrestre et la distance. Dans cette optique, la CMB offre la possibilité pour certains Etats d'aller jusqu'à 350 milles marins, qui est la limite juridique de l'extension du plateau continental, une possibilité conditionnée par la satisfaction aux critères scientifiques assez complexes fixés à l'article 76 de la CMB.

Spatialement limité par des notions géologique, physique, morphologique (CMB article 76.4) et hydrographique (CMB article 76.5), le PC est composé de la marge continentale qui comprend :

- Le plateau : plate-forme sans relief ;
- Le talus : point de rupture, première déclivité marquée ;
- Le glacis : point de commencement des grands fonds marins.

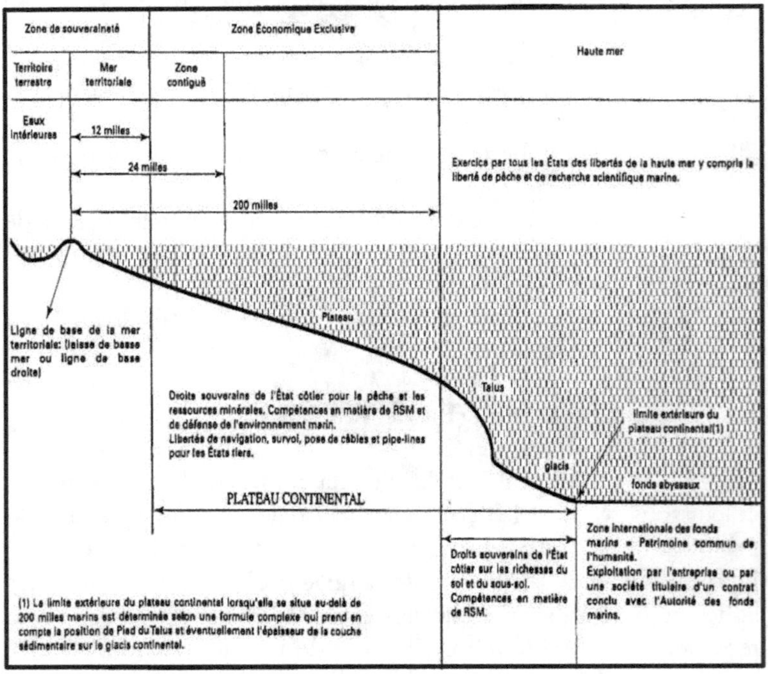

Schéma montrant la composition du plateau continental et résumant les pouvoirs de l'Etat côtier dans les différents espaces maritimes

L'acquisition du PC n'est pas sujette à une déclaration de l'État côtier

En effet, l'Etat côtier y exerce des droits souverains, qui sont des droits fonctionnels dits encore finalisés, c'est-à-dire, des droits qui sont inhérents, indépendants, existants « ipso facto et ab initio ».

"L'Etat côtier exerce des droits souverains sur le plateau continental aux fins de son exploration et de l'exploitation de ses ressources naturelles" (Article 77 de la CMB). Il s'agit ici des ressources minières et minérales (gaz, pétrole, etc.) et les ressources non biologiques des fonds marins et de leur sous-sol comme les espèces sédentaires (crabes, pétoncles, huîtres, homards, etc.).

Du fait de cette exclusivité des droits sur son plateau continental, le droit d'accès au reliquat de pêche ainsi que le privilège pour les Etats tiers sans littoral ou géographiquement désavantagés ne s'impose pas à l'Etat côtier, qui, en outre est seul à pouvoir autoriser l'exploration et l'exploitation des ressources de son plateau continental. (Article 77 de la CMB).

Extension du Plateau Continental au-delà des 200 M (CMB Annexe II, Art. 4)

Comme indiqué au point susmentionné, l'Etat côtier peut étendre son PC au-delà de 200 Mille marins lorsque ce dernier remplit les critères scientifiques, notamment physiques, géologiques, morphologiques et hydrographiques énoncés à l'article 76 de la CMB.

Pour ce faire, la procédure pour l'extension du Plateau Continental au-delà de 200 M (SPLOS 72 ET 183 / CMB Annexe II, Art. 4) pourrait se résumer en :

- Une demande indicative préliminaire, en attendant de satisfaire les exigences scientifiques énoncées à l'article 76 de la CMB ;

- La soumission de la demande officielle d'extension du Plateau continental au-delà de 200 Mille marins, une fois les critères scientifiques susmentionnés acquis ;

- Un délai de forclusion de 10 ans à partir de la date de la ratification (CMB Annexe II, Art. 4) ;

- L'analyse de la soumission par la Commission des Limites du Plateau continental, dite CLPC qui examine la conformité des données scientifiques fournies par les Etats aux normes conventionnelles requises, de façon chronologique suivant les dates de réception par elle des soumissions et émet des recommandations en direction des Etats requérants.

Les limites extérieures du PC fixées sur la base des recommandations de la CLPC sont définitives et à caractère obligatoire (CMB 76.8).

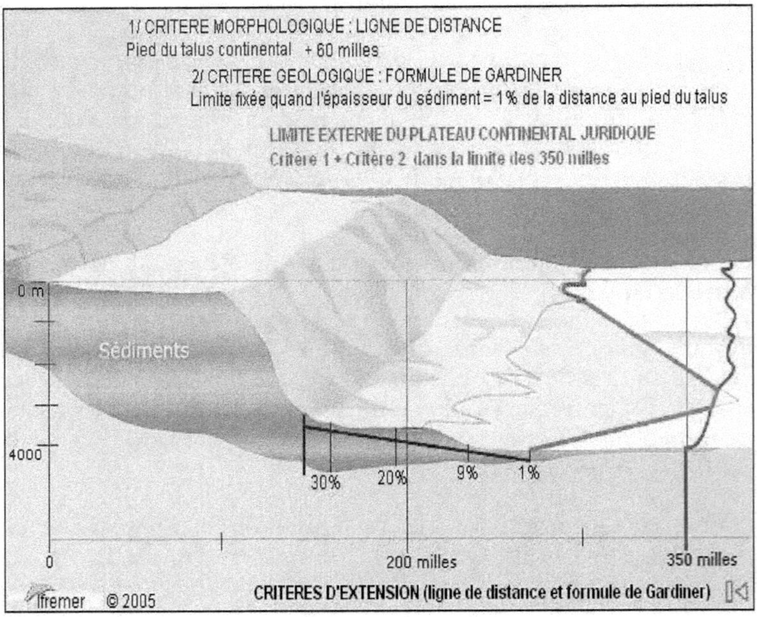

Schéma indiquant les critères physique, morphologique, géologique, (CMB 76.4) hydrographique et juridique (CMB 76.5) fixés par la CNUDM en vue de l'extension du PC au-delà de 200 M

Etat des lieux des espaces maritimes : démarches ou Actions menées par l'Etat à ce jour

Rappel historique

Après les 4 conventions de Genève de 1958 et l'échec de la Convention de Genève de 1960 sur la Mer Territoriale, une ordonnance, l'Ordonnance N°049/77, fixant la Mer territoriale de la République du Congo à 200 Mille marins, avait été prise le 20 décembre 1977 par le Président de la République de l'époque.

Cette prétention difficilement tenable, ne fut-ce-que par le seul fait de l'impossibilité de surveiller cet grand espace maritime à cette époque, faute de moyens, prenait certainement sa source dans les fortes revendications des pays en voie de développement pour un accès maximum à la mer qui prévalaient à cette période.

PRESIDENCE DU COMITE MILITAIRE
DU PARTI
-=-=-=-=-=-

PRESIDENCE DU CONSEIL DES
MINISTRES
-=-=-=-=-=-

ORDONNANCE N° 049/77 DU 20 DECEMBRE 1977
modifiant l'article 2 de l'ordonnance 26/71 du 18 Octobre 1971 sur la mer territoriale, la pollution des eaux de la mer, l'exercice de la pêche maritime, l'exploitation des produits de la mer.-

-=-=-=-=-=-=-=-

LE PRESIDENT DU COMITE MILITAIRE DU PARTI, PRESIDENT DE LA REPUBLIQUE, CHEF DE L'ETAT, PRESIDENT DU CONSEIL DES MINISTRES

Vu l'acte fondamental du 5 Avril 1977;

Vu l'acte n°005/PCT du 19 Mars 1977 portant création du Comité Militaire du Parti et fixant ses attributions;

Vu l'acte n°001/PCT/CMP du 3 Avril 1977 fixant l'organisation et la struturation du Comité Militaire du Parti;

Vu la loi 30/63 du 4 Juillet 1963, portant code de la Marine Marchande;

Vu l'ordonnance n°22/70 du 14 Juillet 1970 sur la mer territoriale, la pollution des eaux de la mer, l'exercice de la pêche maritime, l'exploitation des produits de la mer;

Vu l'ordonnance n°26/71 du 18 Octobre 1971 modifiant l'article 2 de l'ordonnance n°22/70 du 14 Juillet 1970 sur la mer territoriale la pollution des eaux de la mer, l'exercice de la pêche maritime, l'exploitation des produits de la mer;

Le Comité Militaire du Parti entendu,

ORDONNE :

Article 1er.- La présente ordonnance modifie l'article 2 de l'ordonnance n°26/71 du 18 Octobre 1971 sur la mer territoriale, la pollution des eaux de la mer, l'exercice de la pêche maritime, l'exploitation des produits de la mer.

Article 2.- La souveraineté de la République Populaire du Congo s'étend au-delà de son territoire à une distance fixée à deux cent milles marins à compter de la laisse de la plus basse mer longeant les côtes.

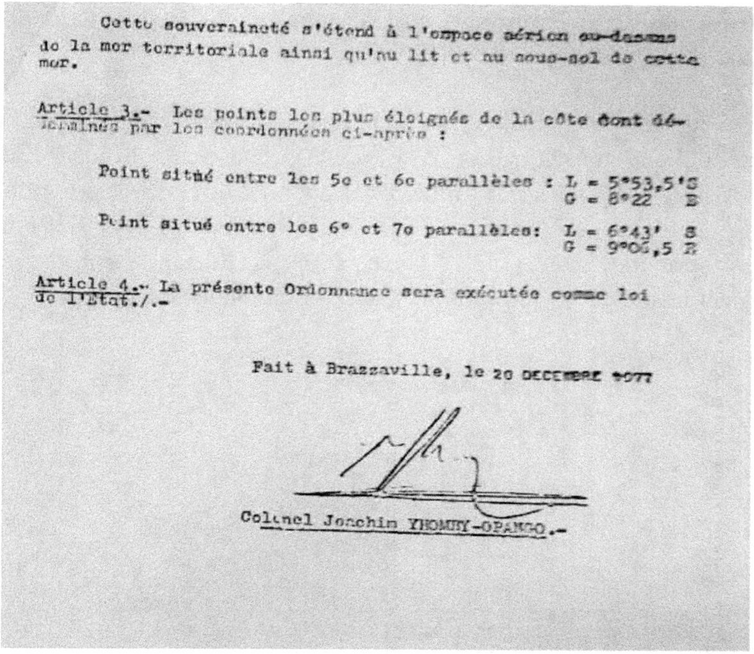

Cette souveraineté s'étend à l'espace aérien au-dessus de la mer territoriale ainsi qu'au lit et au sous-sol de cette mer.

Article 3.- Les points les plus éloignés de la côte sont déterminés par les coordonnées ci-après :

Point situé entre les 5e et 6e parallèles : L = 5°53,5' S
G = 8°22 E

Point situé entre les 6e et 7e parallèles: L = 6°43' S
G = 9°06,5 E

Article 4.- La présente Ordonnance sera exécutée comme loi de l'Etat./.-

Fait à Brazzaville, le 20 DECEMBRE 1977

Colonel Joachim YHOMBY-OPANGO.-

Ordonnance N°049/77 du 20 décembre 1977

Adhésion à la CNUDM

S'en est suivi l'adhésion de la République du Congo à la CNUDM, en janvier 2008, Convention considérée comme la constitution des océans qui a, tant bien que mal, pris en compte les revendications diverses des Etats soient-ils : États côtiers ou sans littoral, États archipels ou géographiquement désavantagés, États industrialisés ou États producteurs terrestres des minéraux, États en développement, États riverains des détroits, grandes puissances maritimes, États « marginaux ou encore États africains.

Information préliminaire sur l'extension du PC au-delà de 200M

En 2009, à peine un peu plus d'une année après l'adhésion de la République du Congo à la CNUDM, conscient du délai de forclusion (10 ans après l'adhésion à la CNUDM) pour l'extension du PC, c'est le Ministre COUSSOUD-MAVOUNGOU qui entreprit de rédiger le 11 mai 2009 la demande indicative préliminaire de l'extension du PC de la République du Congo.

MINISTERE DES TRANSPORTS MARITIMES
ET DE LA MARINE MARCHANDE

CABINET

BP : 15000 Tél : 725 97 71/420 04 26
E-mail : mtmmm@hotmail.com

N° 0 9 6 /MTMMM-CAB.

REPUBLIQUE DU CONGO
Unité* Travail* Progrès

DEMANDE INDICATIVE PRELIMINAIRE DE L'EXTENSION DES LIMITES DU PLATEAU CONTINENTAL AU DELA DE 200 MILLES MARINS SOUMISE PAR LA REPUBLIQUE DU CONGO

1. La République du Congo est membre de la Convention des Nations Unies sur le Droit de la Mer, après avoir signé la Convention du 10 décembre 1982 et ratifié par la loi n° 4-2008 du 30 janvier 2008 et par la lettre de ratification du 07 mars 2008.

2. La République du Congo est consciente de ses obligations au sein de la Convention ainsi que de l'importance du travail de la Commission concernant les limites du Plateau Continental pour les pays côtiers ainsi que pour la communauté internationale en général.

3. La République du Congo souhaite informer la Commission sur les limites du Plateau Continental dont elle a l'intention de faire une soumission sur la description de le zone de son plateau continental au-delà de 200 milles marins.

4. Suivant la décision relative à la lourde responsabilité de la Commission sur les limites du Plateau Continental et de la capacité des pays particulièrement des pays en voie de développement, à remplir les exigences de l'article 4 de l'annexe II à la Convention des Nations Unies sur le Droit de la Mer, ainsi que la décision contenue dans SPLOS/72, paragraphe (a) suivante afin de fournir une indication de l'extension des limites du plateau continental au-delà de 200 milles marins.

5. La République du Congo reconnaît que, en considérant chacune de ces zones, il y a des revendications chevauchantes aux zones du plateau continental prolongé par les pays côtiers adjacents. La République du Congo soumet donc cette information préliminaire avec la conscience que cela ne cause pas préjudice à la délimitation du plateau continental prolongée dans ces zones.

6. La République du Congo constate également que plusieurs délimitations maritimes demeurent encore entre la République du Congo et les pays côtiers voisins. Suivant l'article 76, paragraphe 10 et l'article 9 de l'annexe II à la Convention, cette information préliminaire est soumise sans causer préjudice à ces délimitations ni à aucune autre délimitation maritime entre la République du Congo et un autre pays côtier quelconque.

7. Conformément au paragraphe 1 (a) de SPLOS/183, la zone indicative de l'extension du plateau continental est dépeinte sur l'image ci-jointe.

8 La République du Congo a commencé le travail sur la préparation de sa soumission en considérant cette zone. A cet effet, la République du Congo a rassemblé les textes légaux, la procédure et l'expertise technique nécessaires dans la préparation des soumissions. La République du Congo est également engagée dans les discussions avec la partie opposée concernée et les pays côtiers adjacents.

9. La République du Congo entend insérer la soumission concernant la zone de son plateau continental au-delà de 200 milles marins dès maintenant. Consciente de la nécessité de soutenir la commission dans la performance de ses fonctions dans le cadre de la Convention d'une manière efficiente et dans les délais requis, la République du Congo continuera à profiter des données disponibles et opportunités pour bâtir la capacité technique et scientifique, des conseils et de l'assistance de façon à préparer la soumission.

10. La République du Congo demande que le Secrétaire Général informe la Commission et notifie les Etats membres de la réception de cette information préliminaire conformément au paragraphe 1 (d) de SPLOS/183.

11. La République du Congo entretiendra avec l'effort nécessaire, pour arriver à un accord avec les Etats voisins concernant l'établissement des limites d'extension appropriée au plateau continental au-delà de 200 milles marins.

Fait à Brazzaville, le 11 mai 2009

Pour le Gouvernement de la République du Congo,
Le Ministre des Transports Maritimes
et de la Marine Marchande.

RÉPUBLIQUE DU CONGO
LE MINISTRE
MINISTÈRE DES TRANSPORTS MARITIMES ET DE LA MARINE MARCHANDE

Martin Parfait Aimé COUSSOUD-MAVOUNGOU

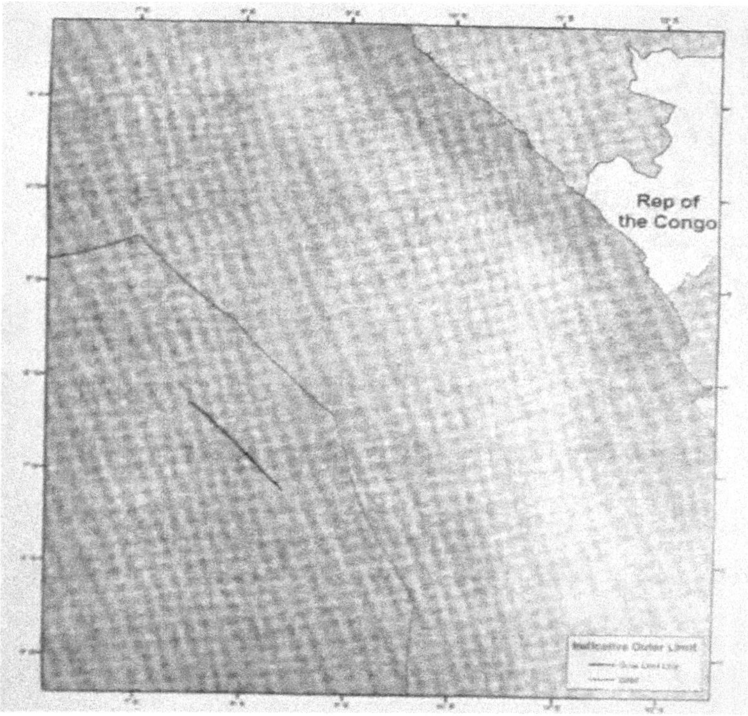

Demande indicative préliminaire de la République du Congo rédigée le 11.05.2009

Démarches engagées en vue de la soumission définitive de la demande d'extension du PC congolais au-delà de 200 M

Par courrier n° 0853/MID-CAB du 15 décembre 2017, le Congo a, d'une part, complété son information préliminaire et d'autre part, fourni au Secrétaire Général de l'Organisation des Nations Unies, conformément aux articles 16, 75 et 82 de la CMB, pour diffusion aux Etats parties à la Convention des Nations Unies pour le Droit à la Mer, une liste des points décrivant la ligne de base à partir de laquelle est mesurée la largeur de la mer territoriale, les limites extérieures de la mer territoriale, la zone contiguë et la zone économique exclusive de la République du Congo ainsi qu'une carte marine nationale au format WGS84 établie à l'échelle 1/1.000.000, la CM N°001 AEM (pour l'action de l'Etat en mer).

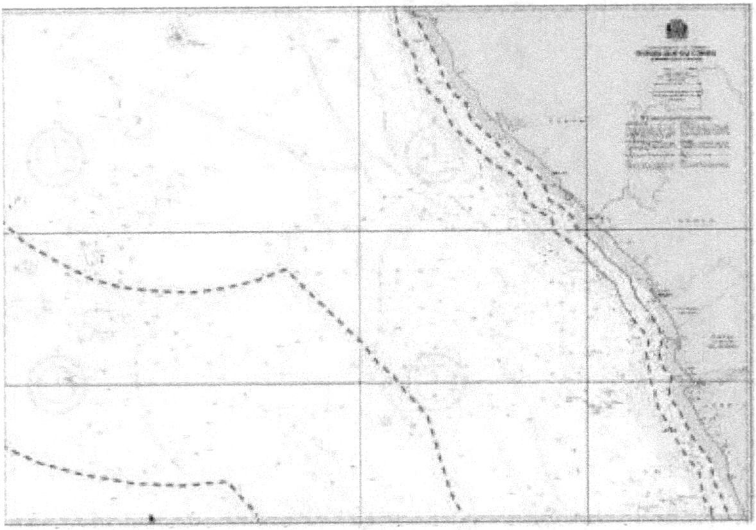

Limites des 12, 24, 200 et 350 milles portées sur la CM 001 AEM

Toutes ces données sont disponibles sur le site web de la division des affaires maritimes et du droit de la mer, bureau des affaires juridiques à l'adresse suivante : www.un.org/Depts/lor.

Il reste donc au Congo à déposer sa soumission pour l'extension du plateau continental conformément aux prescriptions scientifiques plus ou moins complexes (géologiques, morphologiques, hydrographiques, etc.) exigées par l'Article n° 76 de la CNUDM pour la fixation de la limite extérieure du plateau continental de la République du Congo.

Ceci ne pourra se faire qu'à partir d'une campagne d'acquisition des données qui fournira au plus tôt les caractéristiques de :

- la ligne du pied de talus ;
- la ligne d'Hedberg ;
- la ligne de Gardiner (ligne d'épaisseur sédimentaire) ;
- la ligne de l'isobathe de 2500 m ;
- la ligne de contrainte juridique de 350 milles marins, ce, en vue de choisir la ligne la plus avantageuse pour l'Etat. Cf. Schéma ci-dessus indiquant les critères d'extension du PC.

En vue de la préparation du dossier de soumission de la demande d'extension du PC, des négociations sont en cours pour un accompagnement du Congo par un Cabinet spécialisé, compte tenu de la spécificité et de la complexité dudit dossier de soumission.
Par ailleurs, des réserves sur les soumissions de demande d'extension du PC de l'Angola et du Gabon, portant sur des potentiels chevauchements de leurs prétentions avec les espaces maritimes en droit d'être régis par le Congo, ont été émises à l'endroit du SG/ONU par courrier du Ministère de l'Intérieur et de la Décentralisation du 16 juillet 2021.

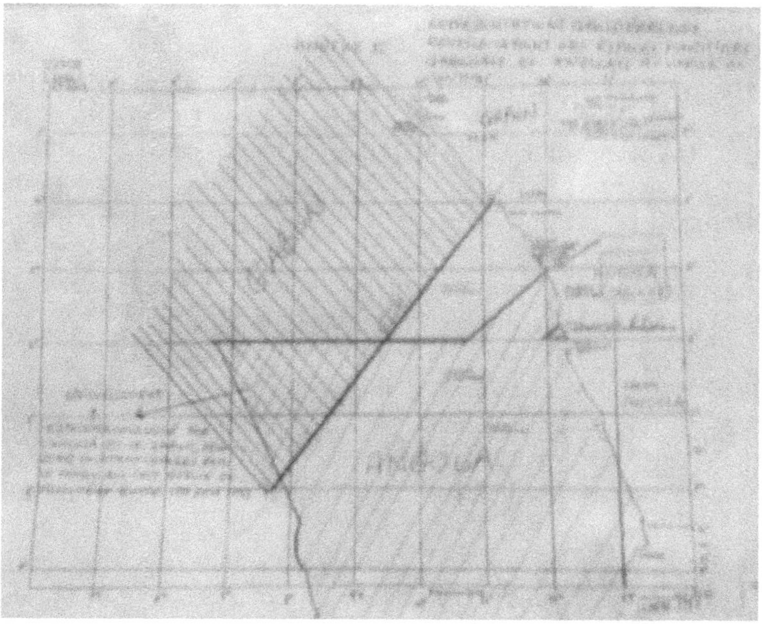

Schéma représentatif des prétentions Angolaise et gabonaise sur le Plateau continental qui se chevauchent une partie du territoire maritime devant revenir au Congo

En marge de toutes ces actions, et en vue de se prémunir en cas de différends relatifs à l'interprétation des dispositions de la CNUDM, Le Congo a transmis au SG/ONU par lettres de ce même jour, 16 juillet 2021, ses déclarations sur des juridictions d'arbitrage en cas de différends relatifs à la délimitation des zones maritimes ou portant sur des baies historiques, en vertu des articles 287 et 298 de la CMB.

Déclaration expresse de la ZEE

La ZEE ne peut exister que si l'Etat côtier l'a décidé et l'a institué. Autrement dit, pour les Etats qui n'ont pas institué de ZEE, comme le Congo, la Haute Mer, espace maritime international, commence à la limite extérieure de la Mer Territoriale !
C'est pourquoi, il importe pour le Congo de conduire au plus vite à son terme cette démarche d'institution de sa ZEE.
A ce sujet, la déclaration expresse relative à cette ZEE congolaise est en cours de formulation conjointe au niveau de la Commission Nationale des Frontières, ensemble avec la Mer Territoriale et la Zone Contiguë.

III- ETAT DES LIEUX DES FRONTIERES MARITIMES LATERALES AVEC LES ETATS COTIERS DU GABON ET DE L'ANGOLA

Généralités

La République du Congo partage 4620 km de frontières avec cinq (05) pays voisins, réparties ainsi qu'il suit :

- Congo – Gabon : 1790 km
- Congo – Cameroun : 460 km dont 140 km de frontières terrestres et 320 km de frontières fluviales
- Congo – République Centrafricaine : 450 km de frontières terrestres
- Congo – République Démocratique du Congo : 1550 km dont 1200 km de frontières fluviales et 350 km de frontières terrestres
- Congo – Angola : 200 km de frontières
- Façade maritime : 170 km de côte.

Le Congo est lié avec ces cinq pays voisins par des protocoles d'accords créant des commissions techniques mixtes en matière de frontières soit sur le volet terrestre et fluvial soit spécifiquement sur le volet maritime (cas avec la République d'Angola).

L'éveil de la République sur les problèmes de frontières et d'espaces maritimes a conduit aux actions utiles suivantes :

- Mise en place des Commissions mixtes d'experts en matière de frontières en vue des négociations bilatérales sur les problématiques de frontières dès 2013 ;
- Conclusion en 2013 d'un partenariat avec l'Institut Géographique National de France, IGN FI pour une collaboration entre 2013 et 2017. Grâce à cet accord, la République du Congo, par son service y afférent, le CERGEC, a édité sa 1ère carte marine nationale à l'échelle 1/1.000.000 tel que indiqué et présenté supra ;
- Mise en place de la Commission Nationale des Frontières par Décret n°2017-142 du 09 mai 2017 ;

Actions menées en vue de la délimitation ses frontières maritimes

Si sur le volet terrestre et fluvial des négociations **en commissions techniques mixtes** suscitées sont menées depuis pratiquement 2014, sur le volet maritime, tout le travail technique de tracé de la frontière maritime latérale et d'identification du point initial du départ de la frontière maritime reste à faire respectivement avec le Gabon sur la frange Nord et l'Angola sur la frange Sud.

Situation de la frontière maritime latérale Nord avec le Gabon

Avec la République gabonaise, le Congo partage sa frontière maritime Nord, qui part de l'embouchure de la lagune Mikoundji. Le seul texte unificateur entre les 2 Etats est le Protocole d'accord portant création de la commission technique mixte d'experts en matière de frontière signé en 2014, en République gabonaise.

La mission conjointe des experts de cette commission technique mixte en matière de frontières menée, dans les deux provinces de la Ngounié et de la Nyanga de décembre 2015 à janvier 2016, à l'initiative de la République gabonaise, a permis aux deux pays, de s'accorder sur le point d'arrivée de la frontière terrestre et fluviale à la mer, point de départ de la frontière maritime, à partir de l'embouchure de la lagune Mikoundji.

Il ne reste plus qu'à engager les négociations sur le volet maritime, en vue du tracé de la frontière maritime latérale, dès lors que le point de départ de la frontière maritime est déjà connu et relevé en coordonnées géographiques GPS.

Situation de la frontière maritime latérale Sud avec l'Angola

Avec l'Angola, les négociations sur le volet maritime sont beaucoup plus récentes. Elles ont débuté précisément le 13 mars 2019, dans le cadre d'une sous-commission mixte dénommée « vérification de la frontière maritime entre la République d'Angola et la République du Congo », pour évoluer ensuite en sous-commission « technique mixte d'experts en matière de frontière maritime », étant donné que l'on ne pouvait identifier, vérifier ou contrôler cette frontière maritime latérale du fait qu'elle n'est pas encore été tracée.

Il convient de rappeler que cette frontière maritime latérale commune, située au nord de la province du Cabinda, est héritée de l'époque coloniale et devra être tracée à partir du point d'arrivée à la mer de l'embouchure de l'estuaire formé par les 2 cours d'eau Loemé (Congo) et Massabi (Angola), ce, conformément à la Convention du 12 mai 1886 portant délimitation des possessions françaises et portugaises et son arrangement du 23 janvier 1901, et, suivant le principe de « l'Uti possedetis juris » : « vous posséderez ce que vous possédiez déjà ».

Pour ce faire, une étape importante pour les 2 parties a été et continue d'être la recherche documentaire qui a déjà donné de fructueux résultats à ce jour, pour ne citer que le texte conventionnel du 12 mai 1886 susmentionné, délimitant les possessions françaises et portugaises dans l'Afrique Occidentale, qui sert de référence juridique entre les 2 Etats pour le tracé de leurs frontières terrestre, fluvial et maritime, mais aussi les documents cartographiques coloniaux de la zone frontalière édités et publiés par des géographes et topographes français et portugais de cette époque coloniale.

Ensuite, six réunions en commission technique mixte se sont tenues, alternativement au Congo et en Angola, et deux missions conjointes de reconnaissance, en 2019 et 2022, notamment de la frontière terrestre, à partir de la Borne A au confluent Loémé – Massabi, et de la frontière fluviale, de ce confluent à la mer, conformément à la convention du 12 mai 1886 et de sa carte annexée.

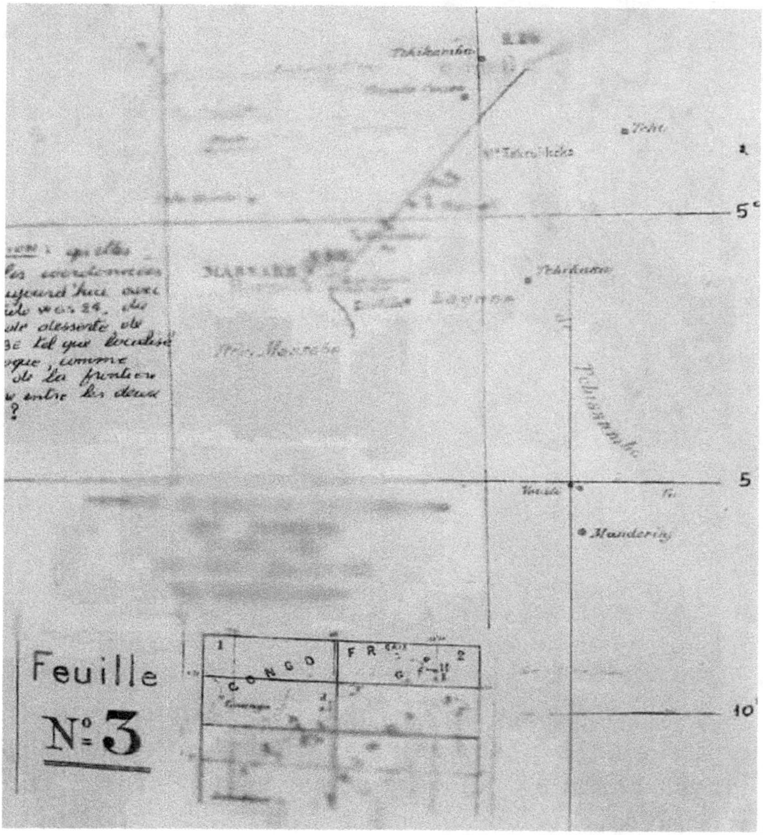

Carte annexée à la Convention du 12 mai 1886 indiquant le tracé de l'estuaire frontalier de la Borne A jusqu'à la mer

Image Google Earth de 2019 montrant l'estuaire frontalier, formé au confluent des cours d'eau Loemé et Massabi, avec son embouchure à cette époque

De ces 2 cartes, on peut observer une similitude dans la direction de la sortie à la mer de l'estuaire.

Toutes ces négociations au sujet de la frontière maritime latérale, achoppent, à ce jour encore, sur la détermination et l'identification du point d'arrivée à la mer de la frontière terrestre et fluviale, point de départ de la frontière maritime en vue de sa délimitation par les deux pays.
En effet, ce point se trouve sur la sortie à la mer de l'estuaire susmentionné, sortie sujette à variation de positions le long d'une frange côtière assez large en raison entre autres des mouvements de la mer et de l'alluvionnement éventuel de l'estuaire.

En conséquence, les deux pays ne peuvent pas encore s'appuyer sur les méthodes de tracé de la frontière latérale recommandées ; méthodes qui ne pourront être mises en exergue que dès lors que le

Congo et l'Angola auront déterminé le point de départ de la frontière maritime. Jusqu'alors, ce sont les textes coloniaux (historiques) de détermination de la frontière terrestre et fluviale qui sont invoqués (la convention du 12 mai 1886 et son arrangement du 23 janvier 1901).

IV- FRONTIERES ET ESPACES MARITIMES : ENJEUX POUR LE CONGO

La maîtrise des espaces maritimes est devenue un enjeu géostratégique majeur recouvrant plusieurs enjeux différents à savoir, des enjeux d'appropriation des espaces maritimes ou enjeux économiques, environnementaux, de sécurité et de contrôle des flux commerciaux et des enjeux de développement liés à l'intégration régionale ou sous-régionale, notamment pour l'Afrique.

Enjeux économiques

Le territoire maritime congolais participe de l'économie nationale et sous-régionale de plusieurs façons différentes. On peut citer notamment le transport maritime et l'accès à des ressources majeures.

Transport maritime

Les espaces maritimes congolais, s'étendant à partir d'un littoral de 170 km, offrent d'importantes possibilités d'échanges et de communication à l'échelle mondiale : on le sait, plus de 80 % du commerce national s'effectue par voie maritime.
Ce qui fait du Congo, un pays à forte vocation maritime notamment grâce à son unique port maritime, le port de Pointe-Noire, port en eau profonde qui est un port de référence dans la sous-région de par sa position géostratégique, son trafic et ses dessertes.
Grâce à ces atouts, sa vocation de pays de transit demeure pour les pays de la CEEAC et du CIRGL avec un impact sur la situation économique et sécuritaire sous-régionale.
L'essor assez récent du transport maritime, qui résulte notamment de :

- L'évolution technologique des navires, techniques et engins de manutention, avec surtout la conteneurisation et la spécialisation des navires ;

- L'importante baisse des coûts qui est la conséquence de cette amélioration ;

- L'industrialisation des pays émergents de l'Asie et de l'Amérique du sud qui a créé une nouvelle division internationale du travail (NDIT) à l'origine de la dissociation des lieux de production des lieux de consommation ;

Est de nature à booster les échanges commerciaux par voie de mer, échanges qui sont appelés à croitre significativement avec la démographie, l'industrialisation et le développement potentiels tant souhaité des pays de la sous-région.

Accès à des ressources majeures

Dans un contexte global de raréfaction des ressources terrestres, les espaces maritimes semblent devenir les espaces vitaux pour les économies des pays côtiers.
L'exploitation pétrolière offshore, en ce qui concerne le Congo, représente l'essentiel de la production et, on peut le dire, de l'économie nationale.

Les réserves pétrolières offshore sont de l'ordre de :

- 8,25 milliards de barils ;
- 80 milliards de mètres cube de gaz.

Il faut aussi noter, dans une moindre mesure, la présence potentielle, dans l'espace maritime nationale, des minerais polymétalliques (mélange de plusieurs métaux) stratégiques et recherchés.

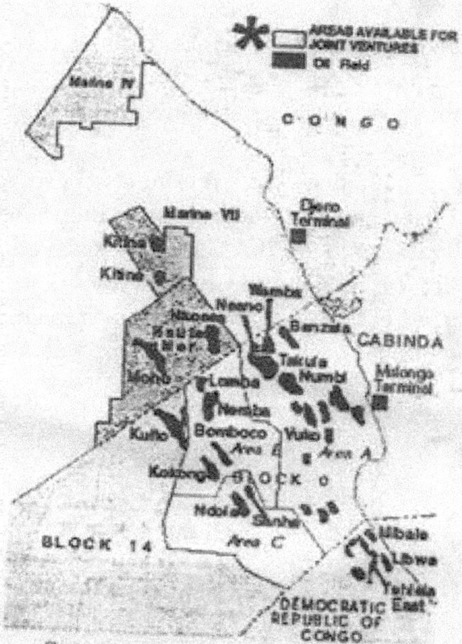

Carte 16. - *Zone d'exploitation commune entre l'Angola et le Congo*

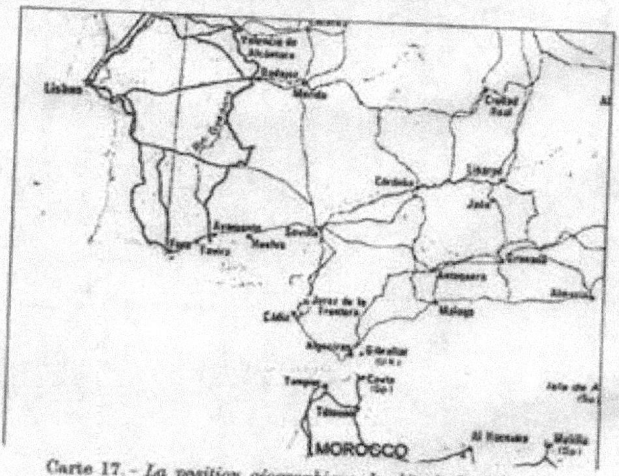

Carte 17. - *La position géographique du détroit de Gibraltar*

Carte des ressources pétrolières et gazières offshore au large du Congo et de l'Angola

La carte de dessus, à elle seule, indique l'enjeu majeur du territoire maritime des 2 Etats le Congo et l'Angola : il s'agit des enjeux économiques liés aux richesses offshores pétrolières et gazières reparties de part et d'autre des lignes frontalières séparant les possessions maritimes de ces pays.
Ce sont les principales ressources convoitées dans les espaces maritimes nationaux.
C'est en cela qu'on peut aussi comprendre les chevauchements de bonne guerre constatés devant le territoire maritime du Congo entre les PC de l'Angola et du Gabon, puisqu'en matière de négociation sur les espaces maritimes - et donc sur les richesses qu'ils contiennent. Il est de coutume de partir initialement sur des bases plutôt prétentieuses.

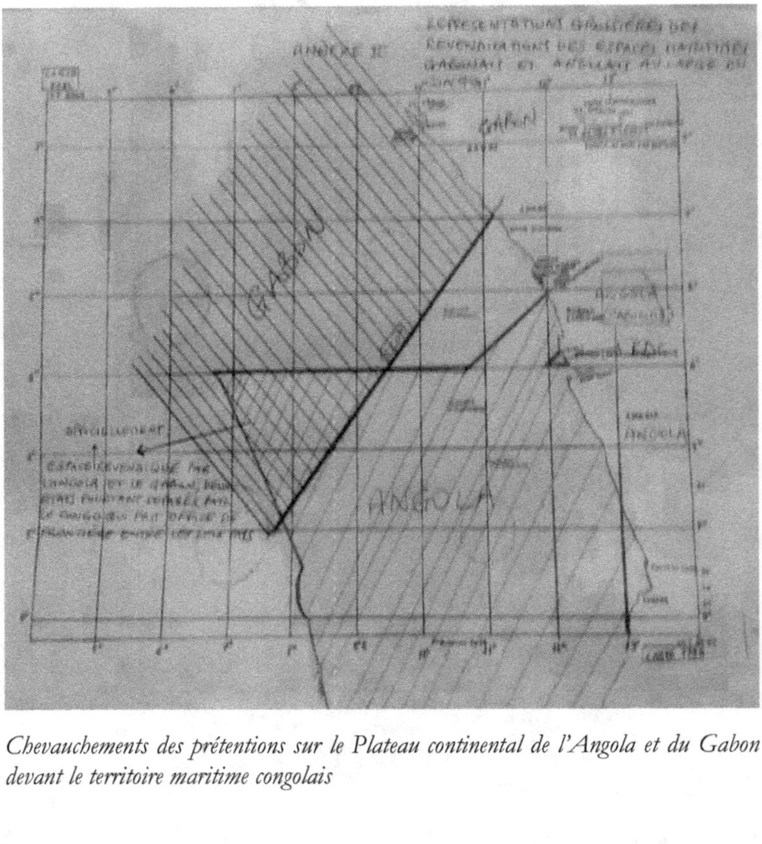

Chevauchements des prétentions sur le Plateau continental de l'Angola et du Gabon devant le territoire maritime congolais

L’espace maritime congolais engorge aussi d’abondantes *ressources halieutiques*, de richesses biologiques animales ou végétales (algues pour des engrais, la médecine ou l’industrie chimique), avec un potentiel de pêche de :

- 100.000 tonnes de poissons d’eau douce et
- 80.000 tonnes de poissons de mer.

Il y a aussi, avec l’émergence des énergies marines renouvelables pour lutter contre le réchauffement climatique, l’apparition de nouvelles ressources comme le vent (pour les éoliennes dans la mer) et la houle (succession de vagues régulières) utilisés pour produire de l’électricité.
Donc la mondialisation a accru l'importance économique des mers et océans. Les espaces maritimes sont ainsi devenus des espaces convoités, leur maîtrise étant source de richesse et de puissance.

Enfin, et dans une moindre mesure, on peut noter ***la littoralisation ou maritimisation débutante des activités*** avec la construction des espaces industrialo-portuaires gagnés sur la mer, la construction des cités littorales des zones économiques spéciales maritimes, qui vont offrir de nombreux avantages pour les entreprises qui s'y installent.

Enjeux environnementaux

Il s’agit ici d’une meilleure administration du territoire maritime, notamment selon le droit international, pour garantir l’environnement marin et côtier contre des dommages quelconques, mais aussi, permettre aux océans et aux mers de jouer leur rôle naturel et écologique de propre épuration, de régulation de l’atmosphère et du climat.

En effet, l’exploration et l’exploitation pétrolières dans l’espace maritime national sont une source potentielle de dommages à cet environnement marin et côtier, notamment à cet écosystème marin, au statut d’aire protégée, qui se trouve dans la MT congolaise.

Enjeux de développement et d'intégration sous-régionale et régionale

« Là où les frontières ne sont pas encore délimitées et démarquées, nous devons le faire d'ici à 2022. L'intégration régionale et la coopération transfrontalière en dépendent ».

Cette recommandation de la 4ème Conférence des Ministres Africains chargés des frontières tenue à Addis-Abeba le 06 octobre 2016, ouvre une nouvelle ère dans les enjeux de frontières en Afrique, en allant notamment à l'encontre de cette assertion de Lord Curzon selon laquelle « les frontières (internationales) sont un fil de rasoir auxquelles sont suspendus les enjeux modernes de la guerre et de la paix, de vie ou de mort pour les nations. »

En effet, pour l'Union Africaine, en plein 21ième Siècle, les questions de définition et d'entretien des frontières doivent être traitées par les Etats non comme des questions de guerre et de paix, mais dans le cadre de leurs responsabilités administratives habituelles et quotidiennes.

Cette vision rencontre nombre d'initiatives en cours d'élaboration ou de mise en œuvre en vue d'une gestion globale, intégrée sous-régionale et africaine des mers. On peut citer, entre autres :

- Architecture de sécurité maritime de Yaoundé de 2012 pour la gestion de la sécurité des eaux de la CEEAC et la CEDEAO qui est au cœur de la stratégie de lutte contre l'insécurité maritime dans le Golfe de Guinée ;

- La construction, l'aménagement et la mise en œuvre des corridors transnationaux pour la libre circulation des Biens et des personnes ;

- Les stratégies régionales et nationales de l'économie bleue ;

- La Stratégie Africaine Intégrée des Mers AIM 2050 ;

- La Zone de Libre Echange Communautaire de l'Afrique, ZLECAF, nouvellement décrétée, véritable défi à la dimension du continent, qui devra permettre une croissance inclusive et harmonieuse de nos pays.

Les menaces et les risques

Face à ses enjeux, l'espace maritime national et sous-régional est devenu le théâtre de tant d'actes illicites et de menaces.

Il s'agit de :

- *La pêche INN* : responsable de la diminution, la rareté ou la disparition de ressources halieutiques ;

- *La piraterie maritime, les vols à mains armées et brigandage en mer* : qui portent des sérieuses atteintes la sécurité des grandes routes maritimes et des points de passage dans les espaces du Golfe de Guinée, avec un impact négatif considérable sur les économies nationales et sous-régionales ;

- *La contrebande, les trafics illicites et l'immigration clandestine ;*

- *La récurrente problématique des arraisonnements réciproques des bateaux de pêche battant pavillon d'un des 3 pays limitrophes (Congo, Gabon, Angola) dans les eaux « non encore délimitées » mais supposées appartenir à l'Etat qui arraisonne*

- *Les risques industriels liés à l'industrie pétrolière (violation des zones d'exclusion)*

- *Les risques de sécurité et dommages à l'environnement, la pollution marine par exemple.*

Comme on vient de le noter, ces tensions constituent des risques majeurs pour les espaces maritimes et partants pour les économies des Etats riverains et sous-régionales.

Aux fins de leur éradication, il est d'une impérieuse nécessité de sécuriser ce territoire maritime vital de l'Etat.
C'est pourquoi il importe pour l'Etat, de continuer de s'activer à prendre en compte l'importance géostratégique de son domaine maritime, notamment par :

- l'émission sans délai de la déclaration expresse de sa ZEE et,

- la soumission dans les délais les plus courts de sa demande d'extension du PC au-delà de 200 m.

La mise en place par l'Etat de la Commission Nationale des Frontières et d'un cadre récent pour l'Action de l'Etat en Mer et dans les Eaux Continentales dit AEMEC, avec l'érection d'un Secrétariat Permanent du Comité Interministériel de l'AEMEC viennent à point nommé pour atteindre ces objectifs cruciaux et vitaux de l'Etat.

V- CONCLUSION

En guise de conclusion, la citation de l'Amiral Lamine Fadika, préfaçant le livre de Maître Serigne Thiam Diop sur « l'évolution des transports en Afrique de l'Ouest et du Centre de 1968 à 2018 » procède bien de l'intérêt vital - voire même - existentiel des Etats africains à s'approprier et maitriser les enjeux de la mer.

En effet, l'Amiral a écrit : « Le rêve de nos vaillantes populations et de nos Elites aujourd'hui est que l'océan Atlantique, couvrant l'ensemble de nos ZEE, devienne rapidement notre « Mare Nostrum » à nous, un grand espace unifié de Paix, de Sécurité, de Développement durable et Résilient, une immense zone de Prospérité Abondante et Partagée, apte à impulser puissamment la Marche de toute la Sous-région vers l'Emergence !

C'est là une mission difficile mais pas impossible!
Mais surtout une Mission Impérative et Incontournable, que l'Histoire nous impose, dans la perspective de notre Emergence ! ».
Fin de citation.

COMMUNICATION SUR LE CONCEPT DE L'ACTION DE L'ETAT EN MER ET DANS LES EAUX CONTINENTALES (AEMEC)

par Monsieur Jean-Claude BOUKONO

Directeur de cabinet du Secrétaire permanent du comité interministériel de l'AEMEC

L'Homme a toujours utilisé les cours d'eau, les fleuves, les mers et les océans pour sa survie, l'expansion de son pouvoir et son propre développement et plus encore, après avoir affronté le péril marin pour ces diverses raisons, il s'est rendu compte de l'évidence : la mer et les eaux continentales étaient elles-mêmes la richesse et il fallait la protéger.

De nos jours, des enjeux significatifs de sécurité, de sûreté mais aussi des défis économiques et de développement durable se présentent aux Etats riverains sur ces milieux. Lesquels enjeux, défis et autres menaces ont fait naître des responsabilités à l'égard de la communauté mondiale à travers des organismes spécialisés comme l'Organisation Maritime Internationale (OMI), l'Organisation Internationale du Travail (OIT), l'Union Internationale des Télécommunications (IUT), l'Organisation des Nations Unies contre la Drogue et le Crime (ONUDC), la Commission Intergouvernementale Congo-Oubangui-Sangha (CICOS) et beaucoup d'autres.

Deux caractéristiques principales s'en dégagent : la transversalité de cette responsabilité au vu des différents secteurs impliqués et le degré hautement transfrontalier des enjeux.

Pour y faire face de la meilleure manière, la République du Congo a opté pour le concept de « l'action de l'Etat en mer et dans les eaux continentales » introduit par la France dans les années 70 en lieu et place du concept de « garde-côtes » ou garde côtière qui sont implantées surtout par les pays anglo-saxons d'une part et, d'autre part, le pays s'emploie dans le cadre sous-régional du Golfe de Guinée, à apporter sa contribution à la réponse internationale de sécurisation des intérêts vitaux des Etats en mer.

I- RAPPEL DES ENJEUX, DEFIS ET MENACES MARITIMES ET FLUVIAUX

Avec deux grands fleuves d'importance sous-régionale, environ 65.000km² de Zone Economique Exclusive, une volonté exprimée d'extension de son plateau continental et un rôle de transit international, la République du Congo se trouve dans une sous-région maritime qui a un poids stratégique certain : le Golfe de Guinée (5% de réserves mondiales d'hydrocarbures, routes de trafic maritime, réserves halieutiques, câbles sous-marins, etc…) qui peut être l'objet de convoitises diverses et de plusieurs origines.

Les défis et les menaces incluent notamment :

- la piraterie maritime ;
- les actes de criminalité transnationale ;
- le pillage des ressources halieutiques
- les pollutions marines et fluviales.

Le groupe interministériel pour l'action de l'Etat en mer et dans les eaux continentales a compilé dans les figures ci-après ces enjeux, défis et menaces ainsi qu'un tableau des faits majeurs ayant survenu dans la ZEE congolaise au cours du dernier semestre de 2021.

ENJEUX, MENACES ET RISQUES DANS LES EAUX MARITIMES DU CONGO

ENJEUX ESSENTIELS

1. Présence d'importantes ressources halieutiques ;
2. Transport maritime croissant avec en point de mire un port de référence à Pointe-Noire ;
3. Exploitation pétrolière offshore représentant l'essentiel de la production nationale ;
4. Existence d'un écosystème marin au statut d'aire protégée.

LES MENACES ET LES RISQUES

1. La pêche non déclarée et non règlementée ;
2. Les vols à mains armées et brigandage en mer ;
3. Les trafics illicites ;
4. La piraterie maritime ;
5. Les risques industriels liés à l'industrie pétrolière (violation des zones d'exclusion) ;
6. L'immigration clandestine ;
7. La contrebande ;
8. La pollution marine.

ENJEUX, MENACES ET RISQUES FLUVIAUX AU CONGO

ENJEUX ESSENTIELS

1. Activités principales génératrices de revenus pour les populations ;
2. Transport fluvial croissant avec l'aménagement des ports secondaires ;
3. Perspectives d'exploitation pétrolière on shore dans des zones à forte présence de cours d'eau.

MENACES ET RISQUES ESSENTIELS

1. Pêche incontrôlée, destruction de foyer de reproduction halieutique ;
2. Pêche à dynamite explosive et usage de produit chimique toxique ;
3. Braconnage des espèces : crocodiles, les grands reptiles, les hippopotames ;
4. Trafic d'armes et de munitions ;
5. Couloir d'infiltration et d'exfiltration des territoires (immigration clandestine, criminalité, ...) ;
6. Pollutions.

FAITS MAJEURS A SIGNALER DANS LA ZONE ECONOMIQUE EXCLUSIVE

- Navires uniques entrant dans la ZEE 933
- Navires signalés à « risques élevés » par les algorithmes de renseignements de BLEU OCTAGON 84
- Navires entrant dans le TW pour la première fois ... 100
- Navires s'arrêtant à des ports ou des installations pétrolières et gazières en mer 427
- Opération de réunion 2542
- Activités « secrètes » (une opération sans réception des transmissions AIS) 424
- Changements de drapeau / MMSI (service mobile maritime) effectués au Congo 1

II- LA MISE EN ŒUVRE DE « L'ACTION DE L'ETAT EN MER ET DANS LES EAUX CONTINENTALES »

L'article 2 du décret n°2019-125 du 3 mai 2019 définit l'action de l'Etat en mer et dans les eaux continentales (AEMEC) comme étant « l'ensemble des missions exercées en mer et dans les eaux continentales par les administrations de l'Etat, chacune dans son domaine de responsabilités ».

Le même article identifie neuf domaines d'intervention de l'Etat en mer et dans les eaux continentales sans que la liste n'ait été jugée exhaustive. L'action de l'Etat recouvre ainsi, notamment :

- la recherche et le sauvetage des personnes et des biens ;
- la protection de l'environnement et la lutte contre les pollutions ;

- la sécurité de la navigation et l'assistance aux navires, bateaux, embarcations et aéronefs en détresse ;

- la surveillance et la sûreté maritimes, fluviales et lacustres ;
- la sécurité, les contrôles, la lutte contre les trafics illicites ainsi que le maintien et le rétablissement de l'ordre public sur ces espaces ;
- la lutte contre la pêche illicite ;
- la lutte contre l'immigration clandestine, la criminalité en mer et la piraterie maritime ;
- la surveillance et le contrôle de l'exploitation des ressources halieutiques ;
- la recherche scientifique marine et fluviale.

On en déduit environ une cinquantaine de missions qui incombent à l'Etat en mer et dans les eaux continentales (pour mémoire la France a fixé par l'arrêté du 22 mars 2007, 45 missions de ce genre).

Par extension, l'action de l'Etat en mer et dans les eaux continentales est l'organisation administrative et opérationnelle qui vise à garantir les intérêts de l'Etat en mer et dans les eaux continentales tout en optimisant ses moyens.

Chaque administration est responsable de l'exécution de ses activités propres mais participe aux autres à la demande du coordonnateur.

Le décret stipule clairement que l'Action de l'Etat en mer et dans les eaux continentales repose sur une coordination des activités et une mutualisation des moyens de l'ensemble des administrations de l'Etat intervenant en mer et dans les eaux continentales (Article 3).

Cela signifie que dès lors qu'un moyen naval appartenant à une administration est en mer ou sur fleuve, il contribue directement à l'AEMEC et assure pour le reste des administrations, la présence en mer ou sur fleuve quelle que soit l'activité principale qu'il conduit.

Le principe est qu'en cas d'événement en mer ou sur fleuve nécessitant une intervention, l'administration disposant du moyen naval le plus approprié et disponible le mobilise en fonction de la nature de la mission qui, elle, prend en compte les critères traditionnels de capacités techniques et nautiques nécessaires (zone maritime, équipages et leurs habilitations, personnels en charge, etc..).

Cette tâche de coordination opérationnelle est laissée aux bons soins de la marine nationale, pourvue des moyens adéquats et responsable de la fonction garde-côtes.

Les acteurs de l'AEMEC

Une action impliquant plusieurs administrations doit être coordonnée pour être efficace.

Au niveau stratégique, la coordination est assurée par le **Comité interministériel de l'AEMEC.** Placé sous l'autorité du Premier Ministre, le CI s'est vu confier les missions ci-après :

- proposer et élaborer la stratégie nationale pour la mer et les eaux continentales ;

- veiller à la cohérence des actions de mise en œuvre des orientations gouvernementales en matière de mer et eaux continentales engagées par les différentes administrations intervenant dans l'action de l'Etat en mer et dans les eaux continentales ;

- veiller à la cohérence des acquisitions des équipements des différentes administrations avec la stratégie nationale pour la mer et les eaux continentales ;

- veiller à la protection des infrastructures sous-marines et fluviales ;

- orienter et favoriser les échanges de savoir-faire et les mutualisations des moyens entre les administrations ou services intervenant dans l'action de l'Etat en mer et dans les eaux continentales ;

- définir les actions à mener dans le cadre de la fonction garde-côtes et en fixer les priorités ;

- coordonner l'action des administrations ou services qui participent à l'exercice de la fonction garde-côtes et prendre toute mesure susceptible d'accroitre l'efficacité de leur action commune.

Tout naturellement, font partie de ce comité, les ministres dont les départements sont impliqués d'une façon ou d'une autre dans la gestion des affaires maritimes ou fluviales. Ce sont particulièrement :

- le ministre chargé de la défense nationale ;
- le ministre chargé de l'intérieur ;
- le ministre chargé des finances ;
- le ministre chargé des mines ;
- le ministre chargé des hydrocarbures ;
- le ministre chargé des transports ;
- le ministre chargé de la marine marchande ;
- le ministre chargé de l'environnement ;
- le ministre chargé des pêches ;
- le ministre chargé de la justice ;
- le ministre chargé des affaires étrangères ;
- le ministre chargé de la recherche scientifique ;
- le ministre chargé de l'économie forestière ;
- le ministre chargé de l'énergie et de l'hydraulique ;
- le ministre chargé des postes et télécommunications.

Le Secrétariat Permanent du Comité Interministériel de l'Action de l'Etat en Mer et dans les Eaux Continentales.

Sous l'autorité directe du Premier Ministre, Chef du Gouvernement, il assiste le Comité Interministériel dans l'exercice de ses attributions, ses missions incluent :

- la coordination et la centralisation de l'activité du Comité Interministériel ;

- la préparation des affaires soumises à l'examen du Comité ;

- le suivi et l'évaluation de l'exécution des décisions du Comité Interministériel ainsi que des autres orientations gouvernementales en matière de mer et des eaux continentales engagées par les différentes administrations en vue de s'assurer de leur cohérence ;

- la veille réglementaire et la cohérence des textes juridiques dans le domaine maritime et fluvial.

Ces missions sont détaillées à l'article 2 du décret n°2021-489 du 5 novembre 2021.

Au plan opérationnel, ont été créés un **centre des opérations maritimes (COM) à Pointe-Noire et quatre centres des opérations fluviales (COF)** installés respectivement à Brazzaville, Mossaka, Ouesso et Impfondo pour la coordination de l'action de l'Etat.

En temps de paix, les COM et COF tiennent à jour la situation maritime ou fluviale en s'informant mutuellement avec les Services de l'Etat concernés et assurent la liaison, par les mécanismes mis en place, avec le centre régional de la sécurité maritime pour l'Afrique Centrale (CRESMAC) basé à Pointe-Noire.

En temps de crise, les centres se muent en cellules de crise et se placent sous l'autorité du commandant de la zone militaire de défense qui, lui, assure la conduite des opérations.

Le Préfet de Département

Il agit au niveau local et opératif en sa qualité de représentant du Premier Ministre, Chef du Gouvernement et de chacun des ministres à titre de coordonnateur, sans faire obstacle à l'exercice par les autorités administratives, juridiques et militaires des attributions qui leur sont reconnues par la loi.

III- L'ACTION DE L'ETAT EN MER ET DANS LES EAUX CONTINENTALES ET LA COOPERATION SOUS-REGIONALE

Les défis sont sous-régionaux, les menaces transfrontalières, la réponse est globale, sous-régionale. A cette fin, les Etats du Golfe de Guinée mettent en œuvre depuis 2013 ce qui est désormais appelé l'Architecture de Yaoundé adoptée en juin 2013 par le Sommet des Chefs d'Etat et de Gouvernement au Cameroun.

Lors de ce sommet, les Chefs d'Etat et de Gouvernement ont adopté,

- le code de conduite relative à la prévention et à la répression des actes de piraterie, des vols à main armée, à l'encontre des navires et des activités maritimes illicites en Afrique de l'Ouest et du Centre signé par les ministres

- le mémorandum d'entente entre la CEEAC, la CEDEAO et la Commission du Golfe de Guinée sur la sûreté et la sécurité dans l'espace maritime de l'Afrique de l'Ouest et du Centre signé en séance par le secrétaire général de la CEEAC, le Président de la Commission de la CEDEAO et le secrétaire exécutif de la CGG ;

- une Déclaration sur la sûreté et la sécurité dans l'espace maritime commun dite « Déclaration de Yaoundé » signée par les Chefs d'Etat et de Gouvernement.

Cet ensemble d'instruments a inspiré l'élaboration de l'architecture de Yaoundé illustrée par le schéma ci-après.

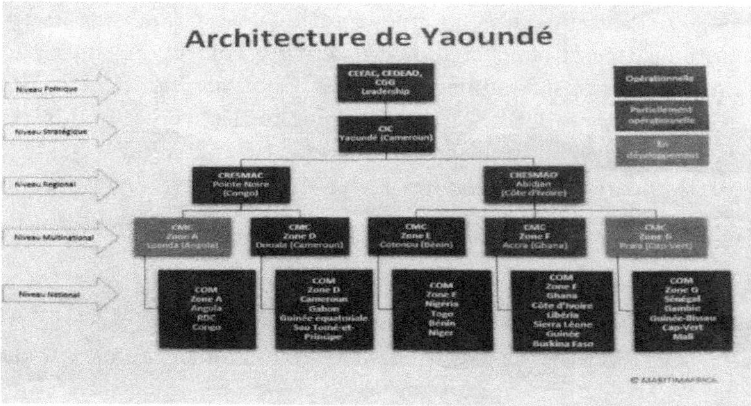

Il faut ici relever le rôle capital de la marine nationale qui est au fond, impliquée dans la mise en œuvre de cette architecture pour le compte de notre pays.

L'architecture de la sûreté et sécurité maritimes inspirée des actes de Yaoundé se compose du Centre Interrégional de coordination (CIC) de Yaoundé, structure d'échange d'informations et de coordination qui fait la jonction entre le Centre Régional de sécurité maritime de l'Afrique Centrale (CRESMAC) et le Centre Régional de sécurité maritime de l'Afrique de l'Ouest (CRESMAO).

Placé sous la responsabilité d'un Directeur nommé, conformément au Mémorandum d'entente de Yaoundé, le CIC a pour missions principales de :

- *coordonner les réponses régionales en matière de sécurité et de sûreté maritimes ;*

- *faciliter l'échange d'informations entre les marines nationales ;*

- *promouvoir l'harmonisation des textes d'application du droit maritime, notamment ceux relatifs à la lutte contre la piraterie ;*

- *renforcer les capacités du personnel civil et militaire de deux régions.*

Chaque communauté économique régionale est dotée de zones maritimes opérationnelles dont les activités sont coordonnées au sein des Centres Multinationaux de Coordination (CMC). Le CRESMAC et le CRESMAO couvrent respectivement deux ou trois Centres Multinationaux de Coordination (CMC), correspondant au nombre des zones maritimes opérationnels de leur ressort.

Le CRESMAC couvre deux zones maritimes :

- la zone D, avec le CMC situé à Douala, composée du Cameroun, du Gabon, de la Guinée Equatoriale et de Sao Tomé-et Principe ;

- la zone A, dont l'installation du CMC est prévue en Angola (Luanda) et n'est pas encore opérationnelle, regroupe l'Angola, la RDC et le Congo.

Le CRESMAO, couvre trois zones maritimes :

- la zone E, avec le CMC situé à Cotonou (Bénin), composée du Nigéria, du Togo, du Bénin et du Niger ;

- la zone F, avec l'installation du CMC à Accra (Ghana), regroupe le Ghana, la Côte d'Ivoire, le Libéria, la Sierra Léone, la Guinée et le Burkina Faso ;

- la zone G, dont l'installation du CMC est prévue à Praia (Cap-Vert) et n'est pas encore opérationnelle, regroupe le Sénégal, la Gambie, la Guinée-Bissau, le Cap-Vert.

Au niveau national, il est prévu un Centre des Opérations Maritimes (COM) qui doit regrouper, en plus de la marine nationale qui en assure la coordination, les acteurs majeurs de l'action de l'Etat en mer notamment : la police maritime, les douanes, la pêche, l'environnement et les hydrocarbures.

IV- LES PERSPECTIVES

La montée en puissance du concept de l'action de l'Etat en mer et dans les eaux continentales requiert des actions à entreprendre dès à présent. Il s'agit notamment de :

1- sensibiliser, exercer et former les acteurs concernés des différentes administrations à l'action de l'Etat en mer et dans les eaux continentales ;

2- élaborer la stratégie nationale de la mer et des eaux continentales ;

3- aligner les textes réglementaires des administrations concernées sur l'architecture de l'action de l'Etat en mer et dans les eaux continentales ;

4- adopter un mécanisme de financement adéquat de l'action de l'Etat ;

5- poursuivre la formalisation de l'action de l'Etat en mer et dans les Eaux continentales ;

6- renforcer la participation nationale à l'opérationnalisation de l'Architecture de Yaoundé ;

7- promouvoir la coopération internationale ;

TABLE DES MATIERES

Structures éditoriales du groupe L'Harmattan

L'Harmattan Italie
Via degli Artisti, 15
10124 Torino
harmattan.italia@gmail.com

L'Harmattan Hongrie
Kossuth l. u. 14-16.
1053 Budapest
harmattan@harmattan.hu

L'Harmattan Sénégal
10 VDN en face Mermoz
BP 45034 Dakar-Fann
senharmattan@gmail.com

L'Harmattan Cameroun
TSINGA/FECAFOOT
BP 11486 Yaoundé
inkoukam@gmail.com

L'Harmattan Burkina Faso
Achille Somé – tengnule@hotmail.fr

L'Harmattan Guinée
Almamya, rue KA 028 OKB Agency
BP 3470 Conakry
harmattanguinee@yahoo.fr

L'Harmattan RDC
185, avenue Nyangwe
Commune de Lingwala – Kinshasa
matangilamusadila@yahoo.fr

L'Harmattan Congo
219, avenue Nelson Mandela
BP 2874 Brazzaville
harmattan.congo@yahoo.fr

L'Harmattan Mali
ACI 2000 - Immeuble Mgr Jean Marie Cisse
Bureau 10
BP 145 Bamako-Mali
mali@harmattan.fr

L'Harmattan Togo
Djidjole – Lomé
Maison Amela
face EPP BATOME
ddamela@aol.com

L'Harmattan Côte d'Ivoire
Résidence Karl – Cité des Arts
Abidjan-Cocody
03 BP 1588 Abidjan
espace_harmattan.ci@hotmail.fr

Nos librairies en France

Librairie internationale
16, rue des Écoles
75005 Paris
librairie.internationale@harmattan.fr
01 40 46 79 11
www.librairieharmattan.com

Librairie des savoirs
21, rue des Écoles
75005 Paris
librairie.sh@harmattan.fr
01 46 34 13 71
www.librairieharmattansh.com

Librairie Le Lucernaire
53, rue Notre-Dame-des-Champs
75006 Paris
librairie@lucernaire.fr
01 42 22 67 13

www.ingramcontent.com/pod-product-compliance
Lightning Source LLC
LaVergne TN
LVHW011317061026
849535LV00005B/1603
* 9 7 8 2 1 4 0 3 4 3 2 9 2 *